विद्युत ऊर्जा मीटर

ELECTRICAL ENERGY METER

रनवीर सिंह

Copyright © Ranvir Singh
All Rights Reserved.

समर्पण

विद्युत ऊर्जा मीटर का कार्य व्यवसाय के उचित ऊर्जा खपत के कार्य से सम्बन्धित है , परन्तु वर्तमान में सूचना प्रौद्योगिकी (आई टी - इन्फोर्मेशन टेक्नोलोजी) का भी अपना विशेष योगदान है । ऐसे में दोनों (मानव - विभागीय कर्मचारी/अधिकारी , मीटर की कार्यप्रणाली) की विशेष भूमिका रहती है । अतः इस कार्य से सम्बन्धित समस्त मानव (मीटर निर्माण कर्ता, विभागीय कर्मचारी/अधिकारी, और उपभोक्ता) को यह लेखन समर्पित है कि वे अपने कर्तव्यों का निर्वहन इस संवेदनशील कार्य में प्रस्तुत करते रहे ।

क्रम-सूची

प्रस्तावना

विद्युत ऊर्जा मीटर (Electrical Energy Meter)

साधारण भाषा में किसी को नापने को मीटर कहते हैं, जैसे कपड़े की लम्बाई मीटर में नापते हैं परन्तु इससे छोटी नाप के लिए सेंटीमीटर (सीएम) और मिलीमीटर (एमएम) में नापते हैं और बड़ी/अधिक लम्बाई को किलोमीटर (केएम) में नापते हैं । तरल पदार्थ दूध, तेल आदि को लीटर या किलोलीटर में नापते हैं । इस प्रकार ही बिजली की खपत को जिस उपकरण के द्वारा नापा जाता है, उसे विद्युत ऊर्जा/बिजली मीटर कहते हैं । यद्यपि बिजली की खपत के अतिरिक्त भी विद्युत ऊर्जा/बिजली के कई मापन के लिए अलग – अलग नाम से उपकरण हैं, जैसे विद्युत/बिजली करेंट नापने के लिए अमीटर (एम्पीयर मीटर) टोंग टेस्टर, सीटी मीटर, वोल्टेज नापने के लिए वोल्ट मीटर, पीटी मीटर, इंस्यूलेशन (प्रतिरोध) नापने के लिए मेगर, अर्थ रजिसटेन्स (भू प्रतिरोध) नापने के लिए अर्थ टेस्टर, मल्टी मीटर आदि ।

- विद्युत उपयोग में मीटर बहुत महत्वपूर्ण उपकरण होता है, आज के माहौल में यह और भी महत्वपूर्ण बन गया है जब ऊर्जा संरक्षण और संसाधन का संरक्षण पर बहुत ज़ोर दिया जा रहा है ।

- ऊर्जा की माप पर ध्यान देते समय यह स्पष्ट हो जाता है कि मीटर ऊर्जा माप का एक अंग है और इसलिए सही मीटर बहुत जरूरी हो जाता है बल्कि कुल मिलाकर, जिससे एसोसिएटिड करेंट और पोटेन्शियल ट्रांसफार्मर और अन्य वायरिंग प्रैक्टिसेज शामिल हैं ।

- जब एनर्जी मीटर की बात करते हैं, तो हमारे सामने एक दृश्य आ जाता है जिसमें इंडकशन डिस्क बाएँ से दायें घूम रही है और ड्रम टाइप रजिस्टरों के सेट के जरिए एनर्जी दर्ज की जा रही है ।

- लेकिन अब नये - नये यंत्र निकल पड़ें हैं और माइक्रोप्रोसेसर आधारित मीटर बाजार में आ गये हैं जिससे मीटर प्रणाली में क्रान्ति आ गई है ।

- अब बाजार में बड़ी संख्या में माइक्रोप्रोसेसर मीटर उपलब्ध हैं जिनमें कई प्रकार के आंकड़े/डाटा इकट्ठे किये जाते हैं । इन आंकड़ों को इलेक्ट्रोनिक यंत्रों द्वारा सीधे या परोक्ष (डायरेक्ट/इंडायरेक्ट) रूप से मॉडम पर निकाला जा सकता है ।

- विद्युत व्यवस्था में समग्र तकनीकी एवं वाणिज्यिक हानियां (एटी एंड सी लासेस) भी होती हैं । हानि की जानकारी का उचित आंकलन ऊर्जा मीटर की उचित कार्यप्रणाली पर ही निर्भर करता है । यदि गणना उचित नहीं होती है तो अन्य सभी कार्यवाहियां उचित नहीं हो सकती हैं ।

- एटी एंड सी लासेस – एग्रीग्रेट टेक्नीकल एंड कोमर्सियल लासेस (समग्र तकनीकी एवं

वाणिज्यिक हानियां)

- वितरण व्यवस्था (33 केवी लाइन, 33/11 केवी विद्युत पावर उपकेंद्र, 11 केवी लाइन, वितरण ट्रांसफार्मर/11/0.4 केवी डीटीआर, एलटी लाइन, सर्विस लाइन और मीटर तक) में होने वाली हानि तकनीकी हानि कहलाती है, यह करेंट के वर्ग के समानुपती होती है इन्हें ही कॉपर लॉस कहते हैं, ट्रांसफार्मर में कॉपर लॉस के अलावा कोर में लॉस होते हैं उन्हें आयरन लॉस कहते हैं ये एड्डी करेंट और हिस्टरेसिस लॉस की वजह से होते हैं । ये लॉस ही तकनीकी लॉस होते हैं ।

- तकनीकी हानि = क्रय (इनपुट) यूनिट – विक्रित (सोल्ड) यूनिट

- वाणिज्यिक हानि (कोमर्सियल लॉस) – ये हानि मीटर से मीटरिंग, बिलिंग, कलेक्शन (एमबीसी) के कारण होती हैं । गलत मीटर रीडिंग, मीटर बंद/खराब, जलना, मीटर वाईपास होना, मीटर गुणांक गलत लगाना, गलत टैरिफ़ से बिल बनना, बिल समय से न वितरित होना, बिल न पहुचना, उपभोक्ता से बिल लेने की सुविधा न होना, अथवा बिल भुगतान न करना, कनेक्शन समय से न विच्छेदन/कटना आदि मुख्य हैं

- वाणिज्यिक हानि = राजस्व देयक (रेवेन्यू बिल) राशि (डिमांड) – राजस्व संग्रहण (रेवेन्यू कलेक्शन)

- विद्युत ऊर्जा मीटर का कार्य व्यवसाय के उचित ऊर्जा खपत के कार्य से सम्बन्धित है , परन्तु वर्तमान में सूचना प्रौद्योगिकी (आई टी - इन्फोर्मेशन टेक्नोलोजी) का भी अपना विशेष योगदान है । ऐसे में दोनों (मानव - विभागीय कर्मचारी/अधिकारी , मीटर की कार्यप्रणाली) की विशेष भूमिका रहती है । अतः इस कार्य से सम्बन्धित समस्त मानव (मीटर निर्माण कर्ता, विभागीय कर्मचारी/अधिकारी, और उपभोक्ता) को यह लेख है कि वे अपने कर्तव्यों का निर्वहन इस संवेदनशील कार्य में प्रस्तुत करते रहे ।

विद्युत की सामान्य जानकारी

करेंट (इलेक्ट्रिक करेंट/विद्युत धारा) -

सभी पदार्थ एक या एक से अधिक तत्वों (एलिमेंट्स) से बने होते हैं जो एक प्रकार परमाणु (एटम) से बने होते है । अक्सर पदार्थों को प्रोटोन्स और इलेक्ट्रोन्स की संख्या से पहचाना जाता है जो किसी परमाणु के तत्व में होते हैं । जिस किसी परमाणु में इलेक्ट्रॉन और प्रोटोन की संख्या बराबर होती है वह विद्युत की दृष्टि से न्यूट्रल होता है । किसी परमाणु की बाहरी पट्टी (कक्षा/ओरबिट) में स्थित इलेक्ट्रोनों को बाहरी ताकत का इस्तेमाल करके आसानी से हटाया जा सकता है ।

किसी पदार्थ में फ्री इलेक्ट्रोन्स का प्रवाह एक एटम से अगले एटम तक उसी दिशा तक होता है और इसको करेंट कहते हैं । इसके लिए अंग्रेजी अक्षर आई (I) प्रतीक होता है । इसे एम्पीयर में नापते हैं । एक एम्पीयर करेंट का मतलब है कि एक कुलम्ब चार्ज किसी कंडक्टर के एक पॉइंट से प्रत्येक सेकेंड में पास (गुजरता) होता है । एक एम्पीयर को कुलम्ब प्रति सेकेंड भी कहते हैं । एक एम्पीयर करेंट का मतलब होता है कि किसी कंडक्टर के क्रॉस सेक्शन से 6.24 x10की पावर18 इलेक्ट्रॉन मूव करते हैं ।

करेंट एम्पीयर में नापने वाले उपकरण को एम्पीयर मीटर कहते हैं, यद्यपि टोंगटेस्टर से भी करेंट नापा जाता है । एम्पीयर मीटर से करेंट नापने के लिए एम्पीयर मीटर को परिपथ (सर्किट) के श्रेणी क्रम (सीरीज) में लगाते हैं । टोंगटेस्टर से करेंट नापते समय टोंगटेस्टर के क्लैम्प (जौ) को खोलकर उस कंडक्टर/केबिल को क्लैम्प के अंदर कर लेते हैं और कलैंप बंद रखते हैं यह सीटी के सिद्धांत पर कार्य कर करेंट नापता है । उच्च वोल्टेज की लाइनों का करेंट सीटी (करेंट ट्रांसफार्मर) की मदद से नापते हैं इन्हें श्रेणी (सीरीज) क्रम में लगाते हैं । सीटी के 33 केवी वोल्टेज तक अनुपात (रेशों) 500 – 400 - 300 - 200 - 100/5 एम्पीयर, तथा 33 केवी से अधिक वोल्टेज पर अनुपात (रेशों) 500 – 400 - 300 - 200 - 100/1 एम्पीयर रहते हैं ।

करेंट (इलेक्ट्रिक करेंट/विद्युत धारा) पुनः 2 प्रकार का होता है –

अ - डीसी (डाइरेक्ट करेंट) – दिष्ट धारा – एक प्रत्यक्ष धारा एक विद्युत् प्रवाह है जो हमेशा एक ही दिशा में बहती है जिसे डीसी (D.C. - Direct Current) अर्थात दिष्ट धारा कहते हैं । दिष्ट धारा समय के साथ अपनी दिशा नहीं बदलती । उदाहरण बैटरी की धारा डीसी धारा है ।

आ - एसी (अल्टरनेट करेंट) – प्रत्यावर्ती धारा – एक प्रत्यावर्ती धारा एक विद्युत् प्रवाह है जो प्रवाह के रूप में लगातार दिशा बदलती है जिसे एसी (A. C. - Alternate Current) अर्थात प्रत्यावर्ती धारा कहते हैं. प्रत्यावर्ती धारा वह धारा (करेंट) है जो किसी विद्युत परिपथ (इलेक्ट्रिक सर्किट) में अपनी दिशा बदलती रहती हैं। उदाहरण जेनरेटर की

धारा एसी धारा है ।

प्रत्यावर्ती धारा वह धारा है जो किसी विद्युत परिपथ में अपनी दिशा बदलती रहती हैं। इसके विपरीत दिष्ट धारा समय के साथ अपनी दिशा नहीं बदलती। भारत में घरों में प्रयुक्त प्रत्यावर्ती धारा की आवृत्ति 50 हट्र्ज़ होती है अर्थात यह एक सेकेण्ड में 50 बार अपनी दिशा बदलती है।

प्रत्यावर्ती धारा या प्रत्यावर्ती विभव का परिमाण (मैग्निट्यूड) समय के साथ बदलता रहता है और वह शून्य पर पहुँचकर विपरीत चिन्ह का (धनात्मक से ऋणात्मक या इसके उल्टा) भी हो जाता है। विभव या धारा के परिमाण में समय के साथ यह परिवर्तन कई तरह से सम्भव है। उदाहरण के लिये यह साइन - आकार (साइनस्वायडल) हो सकता है, त्रिभुजाकार हो सकता है, वर्गाकार हो सकता है आदि । इनमें साइन-आकार का विभव या धारा का सर्वाधिक उपयोग किया जाता है। आजकल दुनिया के लगभग सभी देशों में बिजली का उत्पादन एवं वितरण प्रायः प्रत्यावर्ती धारा के रूप में ही किया जाता है, न कि दिष्ट - धारा (डीसी) के रूप में । इसका प्रमुख कारण है कि एसी का उत्पादन आसान है; इसके परिमाण को बिना कठिनाई के ट्रांसफार्मर की सहायता से कम या अधिक किया जा सकता है ; तरह-तरह की त्रि - फेजी (तीन फेज) मोटरों की सहायता से इसको यांत्रिक उर्जा में बदला जा सकता है। इसके अलावा **श्रव्य आवृत्ति, रेडियो आवृत्ति, दृश्य आवृत्ति** आदि भी प्रत्यावर्ती धारा के ही रूप हैं।

2 - वोल्टेज –

जितनी ताकत बिजली के प्रवाह को किसी कंडक्टर से होकर मूव (चलायमान) करने में जरूरी होती है उसको पोटेन्शियल डिफरेंस वोल्टेज या इलेक्ट्रोमोटिव फोर्स (ईएमएफ) कहा जाता है । वोल्टेज की माप की यूनिट है वोल्ट जिसे अक्सर अंग्रेजी अक्षर वी (V) से लिखते हैं । वोल्टेज को कई प्रकार से पैदा कर सकते हैं । किसी बैटरी में इलेक्ट्रो - कैमिकल प्रोसेस इस्तेमाल किया जाता है लेकिन किसी तार के अलटेनेटर अथवा बिजलीघर के जेनरेटर में मैग्नेटिक इंडकशन प्रोसेस का प्रयोग किया जाता है । सभी वोल्टेज स्रोत में इलेक्ट्रॉन एक सिरे से और दूसरे सिरे अधिक और दूसरे सिरे पर कम होते हैं । दो टर्मिनलों के बीच परिणाम स्वरूप डिफरेंस ऑफ पोटेंशियल आता है । वोल्टेज सोर्स के डायरेक्ट करंट (डीसी) में टर्मिनलों की पोलरिटी चेंज नहीं होती । परिणाम ये होता है कि करंट एक ही दिशा में निरंतर बहता रहता है ।

वोल्ट नापने वाले उपकरण को वोल्टमीटर कहतें है । वोल्टेज हमेशा दो लाइनों (फेज टू न्यूट्रल, या फेज टू फेज) के बीच नापा जाता हैं, इसलिए वोल्टमीटर को समानान्तर (पैरेलल) क्रम में लगाते हैं । उच्च दाब लाइनों के वोल्टेज नापने के लिए पीटी (पोटेन्शियल ट्रांसफार्मर) के द्वारा नापते हैं, पीटी के अनुपात (रेशों) 11 केवी/110 वोल्ट, 33 केवी/110 वोल्ट रहते हैं और इन्हें समानान्तर (पैरेलल) क्रम में ही लगाते हैं ।

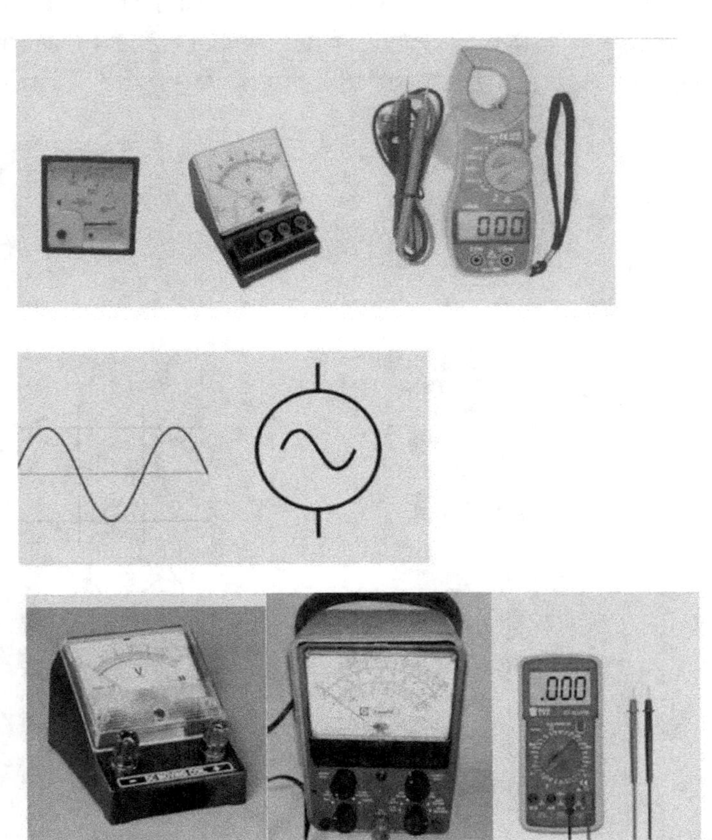

एम्पीयर मीटर , टोंग टेस्टर, वोल्ट मीटर

3 - प्रतिरोध (रजिसटेन्स) –

यह सभी पदार्थों में होता है और विद्युत प्रवाह (इलेक्ट्रिसिटी फलो) का विरोधी होता है । कुछ पदार्थों में अन्य के मुक़ाबले ज्यादा रजिसटेन्स होता है । चांदी, तांबा, एल्यूमिनियम और लोहे जैसी कुछ धातुओं में कम रजिसटेन्स होता है और इनको बिजली का अच्छा सुचालक (अच्छा कंडक्टर) कहा जाता है । प्लास्टिक, कांच, अभ्रक, रबड़ और लकड़ी में रजिसटेन्स ज्यादा होता हैं और इन्हे विद्युत का कुचालक (बेड कंडक्टर) माना जाता है । इसलिए इनको इंसुलेटर (बचाव करने वाले) के तौर पर इस्तेमाल किया जाता है । किसी पदार्थ में कितना रसिसटेन्स होगा यह उसके गठन, लंबाई, क्रॉस सेक्शन और रेजिस्टिव मैटेरियल के तापमान (टेम्परेचर) पर निर्भर करेगा । एक नियम के रूप में किसी कंडक्टर

का रजिसटेन्स तब बढ़ जाता है जब उसकी लंबाई बढ़ती है अथवा क्रॉस सेक्शन घट जाता है । रेजिस्टेंस के लिए प्रतीक के रूप में आर (R) लिखा जाता है । रेसिस्टेंस के नापने की यूनिट (इकाई) को ओहम कहते हैं और इसे नापने वाले उपकरण को ओहममीटर कहा जाता है ।

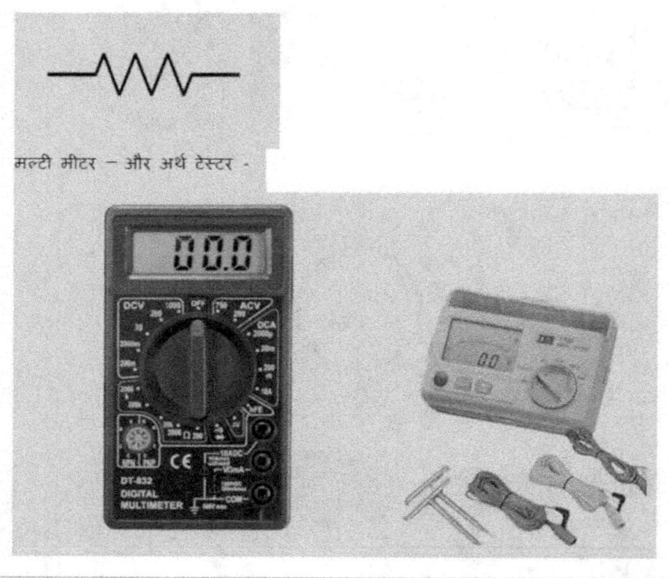

मल्टी मीटर – और अर्थ टेस्टर

मल्टी मीटर – और अर्थ टेस्टर -

4 - विद्युत परिपथ (इलेक्ट्रिक सर्किट) -

एक साधारण विद्युत परिपथ (सिम्पल इलेक्ट्रिक सर्किट) में वोल्टेज सोर्स, कुछ तरह का लोड और कंडक्टर होते हैं, जिनसे होकर इलेक्ट्रॉन वोल्टेज सोर्स और लोड की तरह फलो करते हैं ।

आरएलसी सर्किट -

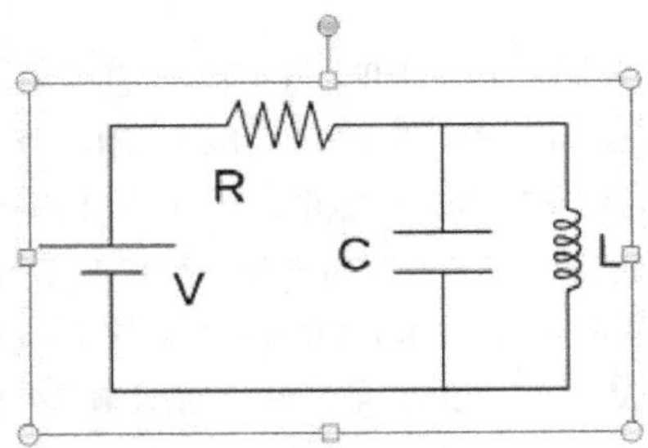

सिंगल और थ्री फेज सर्किट लाइन डायग्राम -

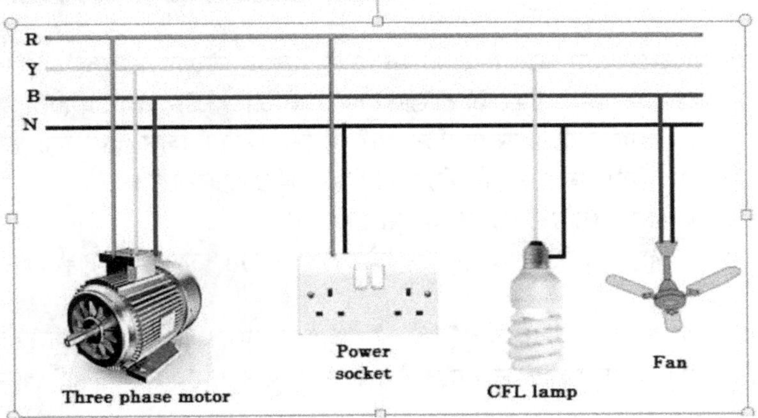

आरएलसी सर्किट , सिंगल और थ्री फेज सर्किट लाइन डायग्राम ,

सिंगल और थ्री फेज सर्किट लाइन डायग्राम -

5 – ओहम का नियम –

ओहम का नियम ये दर्शाता है कि करेंट वोल्टेज के बढ़ने से बढ़ता है और घटने से घटता है । और रेजिस्टेंस का उल्टा होता है । करेंट (I - आई) को एम्पीयर्स में मापा जाता है । वोल्टेज को वी (V) या ई (E) वोल्ट में और रेसिस्टेंस (R - आर) को ओहम में मापा जाता है ।

ओहम के नियम के अनुसार इसे प्रकट करने लिए तीन तरीके हैं –

1 - वोल्ट (V – वी या E - ई) = करेंट (I - आई) x रसिस्टेंस (R - आर), V = Ix R, E = IxR

2 – करेंट (I - आई) = वोल्ट (V - वी)/रेसिस्टेंस (R - आर), I = V/R, I = E/R

3 – रेजिस्टेंस (R - आर) = वोल्ट (V - वी)/करेंट (I - आई), R = V/I, R = E/I

6 - पावर (शक्ति) -

जब भी किसी फोर्स के कारण मोशन (गति) पैदा होता है काम पूरा होता है । अगर बिना मोशन के फोर्स लगाया जाता है तो कोई काम नहीं होता है । किसी इलेक्ट्रिक सर्किट में जब भी किसी कंडक्टर पर वोल्टेज एप्लाई किया जाता है तो उसके कारण इलेक्ट्रोन्स प्रवाहित होने लगते हैं । वोल्टेज फोर्स है और इलेक्ट्रॉन का प्रवाह मोशन है । पावर वह रेट है जिससे काम हो जाता है और इसके लिए प्रतीक पी (P) लिखा जाता है । पावर की माप वाट है और इसके लिए प्रतीक के रूप में डब्ल्यू (W) लिखा जाता है । किसी डायरेक्ट करेंट (DC - डीसी) सर्किट में एक वाट वो दर है जिससे काम तब हो जाता है जब एक वोल्ट के कारण एक एम्पीयर करेंट का प्रवाह होता है ।

पावर का सूत्र (फार्मूला) है – पावर (P - पी) = वोल्टेज (V - वी) X करेंट (I - आई), P = VxI

जबकि आल्टरनेटिंग करेंट (AC - एसी) और वोल्टेज निरंतर भिन्न होते हैं । इनको साइन वेव से प्रस्तुत करते हैं इसकी दो डायरेक्शन पोजिटिव और नेगेटिव होती हैं । एक साइन वेव 360 डिग्री में चक्राकार प्रवाहित होती है, इसे एक साइकिल/चक्र कहा जाता है । आल्टरनेट करेंट इन्हीं अनेक साइकिलों/चक्रों से हर सेकेंड गुजरता है ।

तब पावर का सूत्र (फोरमूला) निम्नानुसार होता है –

पावर (P - पी) = वोल्टेज (V - वी) x करेंट (I - आई) x कोस फ़ाई, P = VxI x Cos faaee

यहाँ यह स्पष्ट करना आवश्यक है कि कोस फ़ाई का मान एक या एक से कम होता है । डीसी सर्किट में कोस फ़ाई का मान 1 होता है क्योंकि वोल्टेज और करेंट एक ही दिशा में होते हैं अर्थात 0 डिग्री ।

रीयल पावर की बेसिक यूनिट होती है वाट (W - डब्ल्यू), इंटरनेशनल सिस्टम ऑफ यूनिट्स (SI - एस आई) में इसका इस्तेमाल होता है । परिभाषा के रूप में एक वाट बराबर होता है प्रति सेकेंड एक जूल ऑफ एनर्जी । बिजली की शब्दावली में इसे उस पावर के रूप में दिखाया जाता है जो एक वाट की दर से तब खपत की जाती है जब एक वॉल्ट के पोटेंशियल डिफरेंस से एक एम्पीयर प्रवाहित होता है । यानि एक वाट = एक वॉल्ट x एक एमपीयर (W = V x I)

पावर को मापने की कई विभिन्न यूनिट (इकाई) हैं । इलेक्ट्रिक मोटर की पावर अश्व - शक्ति (HP - हॉर्स पावर = एचपी) और किलोवाट (KW - केडब्ल्यू) में मापते हैं । जबकि ट्रांसफार्मर को केवीए और एमवीए में मापते हैं । एक अश्व शक्ति (HP - हॉर्स पावर = एचपी), 746 वाट (डब्ल्यू) या 0.746 किलोवाट (केडब्ल्यू) के बराबर होता है ।

पीएफ (पावर फेक्टर) = शक्ति गुणांक = PF = Cos Faaee = (KW/KVA) = किलोवाट/केवीए = (Active Power)/(Apparent Power) = एक्टिव पावर/एप्परेंट पावर = वास्तविक शक्ति/आभासी शक्ति

पावर फेक्टर का मान 1 से कम तथा 0 से अधिक रहता है, कहने का आशय है कि पावर फेक्टर 0 और 1 के बीच होता है ।

लैगिंग पावर फेक्टर - जब करेंट (धारा) वोल्टता से पीछे (Current Legs Voltage) होता है इसे लैगिंग पवार फेक्टर कहते हैं ।

लीडिंग पावर फेक्टर – जब करेंट (धारा) वोल्टता से आगे होता है (Current Leads Voltage) तो इसे लीडिंग पावर फेक्टर कहते हैं ।

उद्योगों में इंडक्शन मोटर एवं अन्य प्रेरकत्व – युक्त भारों (लोडों) के कारण पीएफ (पावर फेक्टर) प्राय: पिछड़ा हुआ (Legging – लैगिंग) ही रहता है ।

एक्टिव पावर (Active Power) को ही True, Real, Useful, वास्तविक, सक्रिय पावर कहते हैं, यह वह पावर है जो इंडक्शन मोटर द्वारा उपयोग की जाती है । इसको किलोवाट में लिखते हैं । एसी करेंट और वोल्टेज जब पावर फेक्टर के साथ गुणा करते हैं तब उसे वाट कहते हैं । 1000 वाट को ही 1 किलोवाट (KW) कहते हैं ।

एप्परेंट पावर (Apparent Power) को ही आभासी, प्रत्यक्ष शक्ति कहते हैं । यह केवी और करेंट (एम्पीयर) के गुणनफल के बराबर केवीए (KVA) होती है ।

रिएक्टिव पावर (Reactive Power) को प्रतिक्रिया, प्रतिघाती शक्ति कहते हैं । यह केवीएआर (KVAR) में मापी जाती है ।

कुछ सामान्य उपकरण जिनके पीएफ (पावर फेक्टर) सामन्यत: इस प्रकार रहते हैं –

इनकेंडेसेंट लेम्प्स – 1.0, फ़्लोरोसेंट लेम्प्स – 0.6 से 0.8, इंडक्शन मोटर – 0.8, निओन साइन – 0.4 से 0.5, आर्क लेम्प (सिनेमा) 0.3 से 0.7, आर्क फरनेस – 0.85, आर्क वैल्डिंग – 0.3 से 0.4, रजिसटेन्स वैल्डिंग – 0.65, इंडक्शन फरनेस – 0.6, इंडक्शन हीटिंग – 0.85 आदि ।

उदाहरण – विद्युत से हटकर जब हम एक दूध दुकानदार के पास जाकर उससे कहते हैं कि एक गिलास दूध तैयार करो । तब दुकानदार अपनी कढ़ाई से दूध निकालकर दो चार बार उलट – पुलटकर दूध तैयार कर दूध देता है । तब हम देखते हैं कि दूध के गिलास में कुछ झाग हैं, शेष में दूध है । झाग रिएक्टिव (KVAR) पावर हैं, पूरा एक गिलास दूध आभासी (एप्परेंट- KVA) पावर है, वास्तविक दूध (झाग रहित) एक्टिव (KW) पावर है तब पीएफ का मान (वास्तविक दूध, झाग रहित/आभासी दूध, पूरा गिलास दूध, झाग सहित) । पीएफ (पावर फेक्टर) एक्टिव पावर (KW)/एप्परेंट पावर(KVA) कहलाता है ।

7 – ऊर्जा (एनर्जी): - (यूनिट - किलोवाट आवर - केडब्ल्यूएच – KWH)

ऊर्जा (एनर्जी) की एसआई यूनिट होती है जूल (जे) । जूल का इस्तेमाल मुख्य रूप से विज्ञान में होता है । ये ऊर्जा की वह मात्रा है जो एक न्यूटन (एक एन 1N) ऊर्जा के स्रोत की तरफ किसी वस्तु को एक मीटर खिसकाने में लगती है । जूल अपेक्षाकृत एक छोटी यूनिट होती है लेकिन बिजली की खपत के मामले में आमतौर पर इस्तेमाल की जाने वाली यूनिट जो खासतौर से यूटिलिटी (बिजली) के बिलों में दिखाई जाती है वह है किलोवाट आवर

(KWH - केडब्ल्यूएच) । जो उस बिजली का माप है जो विनिर्दिष्ट समय के अंतर्गत, जैसे एक महीने तक बिजली के प्रवाह को दर्शाती है । एक किलोवाटआवर ऊर्जा की वह मात्रा है जो एक घंटे तक एक किलोवाट की दर से प्रवाहित होती है । उदाहरण के लिए एक 100 वाट का बल्व 10 घंटे में 1000 वाट आवर (एक किलोवाट आवर = 1 यूनिट) एनर्जी खपत करता है । एक किलोवाट का मतलब 3,600, 000 जे (जूल) एनर्जी ।

8 - इंडक्टेंस : - (प्रतिबाधा)

इस पॉइंट पर जिन सर्किटों का अध्ययन किया गया वे रेजिस्टिव हैं । रेजिस्टेंस और वोल्टेज सिर्फ सर्किट की प्रॉपर्टीज़ (गुण) ही नहीं बल्कि इफेक्टिव करंट फ्लो भी हैं लेकिन इंडक्टेंस किसी इलेक्ट्रिक सर्किट की प्रॉपर्टी होती है जो इलेक्ट्रिक करंट में किसी चेंज का विरोध करती है । रेजिस्टेंस करंट फ्लो का विरोध करता है जबकि इंडक्टेंस करंट फ्लो में चेंज का विरोधी होता है । इंडक्टेंस को अंग्रेजी के एल (L) अक्षर के रूप में दर्शाया जाता है । इंडक्टेंस का यूनिट हेनरी (H) होता है लेकिन हेनरी सापेक्ष रूप में एक बड़ी यूनिट है जबकि इंडक्टेंस मिलीहेनरी अथवा माइक्रोहेनरी के रूप में दर्शाया जाता है ।

किसी कंडक्टर में करंट मैगनेटिक फील्ड पैदा करता है । करंट की मात्रा मैगनेटिक फील्ड की स्ट्रेंथ तय करती है । जैसे - जैसे करंट फ्लो बढ़ता है फील्ड स्ट्रेंथ भी बढ़ती है । इसी तरह से जैसे - जैसे करंट फ्लो घटता है, फील्ड स्ट्रेंथ भी घटती है । किसी करंट में अगर कोई चेंज आता है तो कंडक्टर के आस - पास के मैगनेटिक फील्ड में भी करंट में उतना ही परिवर्तन आ जाता है । किसी रेगुलेटिड डीसी सोर्स के लिए करंट कॉन्स्टेंट (स्थिर) होता है। लेकिन अपवाद स्वरूप जब सर्किट ऑन या ऑफ कर दिया जाता है तो अथवा जब लोड में चेंज आ जाता है तो ऐसा नहीं होता । लेकिन अल्टरनेट करंट निरंतर बदलता रहता है और इंडक्टेंस लगातार चेंज का विरोधी होता है । किसी कंडक्टर के आस - पास के मैगनेटिक फील्ड में होने वाला परिवर्तन कंडक्टर के वोल्टेज में भी परिवर्तन लाता है । सेल्फ इनड्युस्ड वोल्टेज करंट में चेंज को अपोज (विरोध) करता है । इसको काउंटर ई एम एफ कहते हैं । सभी कंडक्टरों में और बिजली के यंत्रों में पर्याप्त मात्रा में इंडक्टेंस होता है लेकिन इंडक्टर्स क्वाइल या तारों के रूप में स्पेसिफिक इंडक्शन के लिए बंधे होते हैं । कुछ एप्लिकेशन के लिए इंडक्टर्स किसी मेटल कोर के चारों ओर बांधे जाते हैं जिससे इंडक्टेंस और कोन्सेंट्रेट हो जाता है । किसी क्वाइल का इंडक्टेंस क्वाइल में मौजूद घेरों (नंबर ऑफ टर्न्स) के जरिये तय होता है । क्वाइल डाइमीटर तथा लंबाई और कोर मेटेरियल भी इसके अवयव होते हैं । इंडक्टर संकेत रूप में किसी इलेक्ट्रिकल ड्राइंग में घुमावदार लाइन के रूप में दिखाया जाता है ।

9 - कैपेसिटेन्स और कैपेसिटर्स – (संधारित्र)

कैपेसिटेन्स वह माप होती है जो किसी सर्किट में इलेक्ट्रिकल चार्ज स्टोर करने की क्षमता दिखाती है । कोई ऐसा उपकरण जिसे विनिर्दिष्ट मात्रा में कैपेसिटेन्स स्टोर करने के लिए बनाया जाता है, उसे कैपेसिटर कहते हैं । कैपेसिटर को हिन्दी में संधारित्र कहते हैं

। कोई कैपेसिटर कंडक्टिव प्लेट की एक जोड़ी से बना होता है और इसके बीच में इंसुलेटिड मेटेरियल की एक बारीक परत डाली जाती है । इसी इंसुलेटिड मेटेरियल का दूसरा नाम डाईलेक्ट्रिक मेटेरियल है । कैपेसिटर को आमतौर पर और इलेक्ट्रिकल ड्राइंग में सीधी लाइन और घुमावदार लाइन के कंबीनेशन से अथवा दो सीधी लाइनों के रूप में दिखाया जाता है ।

जब किसी कैपेसिटर की प्लेट पर वोल्टेज एप्लाई किया जाता है, एक प्लेट पर इलेक्ट्रोन्स डाले जाते हैं और दूसरी प्लेट से निकाले जाते हैं । इससे कैपेसिटर चार्ज हो जाता है । डायरेक्ट करेंट किसी डाईइलेक्ट्रिक मेटेरियल के आर - पार प्रवाहित नही हो सकता है क्योंकि उसमें इंसुलेटर होता है लेकिन जब भी कैपेसिटर चार्ज हो जाता है डाई इलेक्ट्रिक के जरिये इलेक्ट्रिक फील्ड पैदा हो जाता है । कैपेसिटर की रेटिंग उस चार्ज की मात्रा से की जाती है जितना चार्ज वह होल्ड कर सकते हैं ।

किसी कैपेसिटर की कैपेसिटेन्स प्लेट के एरिया और दोनों प्लेटों के बीच दूरी तथा डायलेक्ट्रिक मेटेरियल के रूप में इस्तेमाल किए गए पदार्थ के प्रकार पर निर्भर करता है । कैपेसेटेन्स का प्रतीक चिह्न अंग्रेजी का अक्षर सी (C) है, और इसे फेराड एफ (F) के रूप में मापा जाता है । लेकिन फेराड एक बड़ी यूनिट होती है और अक्सर कैपेसिटर्स की रेटिंग माइक्रोफेराड अथवा पीकोफेराड के रूप में की जाती है ।

इंडक्टिव मोटर लोड के लिए कैपेसिटर लगाने से डिस्कोम और उपभोक्ता दोनों को लाभ होता है : -

क्रमांक - डिस्कोम लाभ : -

1 - कैपेसिटर लगाने से सिस्टम (प्रणाली) का पावर फेक्टर बढ़ता है ।

2 - यदि फीडर का लोड 100 से अधिक 120 - 150 एम्पीयर लोड है तो कैसिटर उपयोग से लगभग 20 से 30 एम्पीयर लोड कम हो जाता है ।

3 - डिस्कोम को राजस्व हानि कम होती है ।

4 - कैपेसिटर उपयोग से लाइनों पर लगे उपकरण कम करेंट लेने से कम गरम होंगे और पूर्ण दक्षता से कार्य करेंगे ।

5 - उसी केबिल क्षमता/ट्रांसफार्मर क्षमता से अधिक कनेकशन दिये जा सकते हैं ।

6 - अच्छे वोल्टेज मिलने से उपभोक्ता/विभाग संतुष्टि होगी ।

क्रमांक - उपभोक्ता लाभ : -

1 - उपभोक्ता मोटर का पावर फेक्टर बढ़ता है ।

2 - एक 10 अश्व शक्ति मोटर जो लगभग 15 – 16 एम्पीयर करेंट ले रही थी कैपेसिटर के उपयोग होने पर लगभग 12 – 13 एम्पीयर करेंट लेगी ।

3 - उपभोक्ता का कम बिल आता है ।

4 - कैपेसिटर उपयोग से मोटर अन्य उपकरण कम गरम होंगे व पूर्ण दक्षता से कार्य करेगे ।

5 - मोटर कम करेंट लेने के कारण कम बिजली खर्च करेगी ।

6 - अच्छे वोल्टेज मिलने से कम यूनिट और बिल कम होगा, उपभोक्ता को लाभ होगा
।

1

विद्युत ऊर्जा मीटर

विद्युत ऊर्जा मीटर

विद्युत ऊर्जा मीटर - विद्युत संरचना के अनुसार – फेरारी और स्टेटिक मीटर

फेरारी मीटर– इलेक्ट्रोमैकेनिकल मीटर (डिस्क टाइप) -

- पुराने तरीके वाला मीटर एक इंडकशन डिस्क वाला मीटर होता है जिसमें खपत होने वाली बिजली के हिसाब से डिस्क घूमती है ।
- डिस्क क्योंकि घूमती है इसलिए उसमें घिसाव होता है और हल्की पालिश किये हुए सिंगल ज्वेल गियर, डबल ज्वेल गियरिंग अथवा मैगनेटिक सस्पेंशन टाइप स्टैंडर्ड में विनिर्दिष्ट किये जाते हैं ।
- आजकल इनका प्रचलन बंद हो गया है । इन्हें इलेक्ट्रो मैगनेटिव मीटर भी कहते हैं ।

स्टेटिक मीटर – इलेक्ट्रोनिक मीटर –

- स्टेटिक मीटर को ही इलेक्ट्रोनिक मीटर भी कहते हैं ।
- स्टेटिक मीटर भी माइक्रोप्रोसेसर आधारित मीटर होते हैं और इनका डिजाइन ऐसा बनाया जाता कि ये समस्त एनर्जी की खपत किलोवाटआवर (केडब्ल्यूएच) के अतिरिक्त केवीएएच, केवीएआरएच आदि जैसे पैरामीटर्स में दर्ज करते हैं ।
- सीबीआईपी के टेक्निकल 88 में सटीकता वर्ग (एक्यूरेसी क्लास) 0.2, 0.5, 1.0 और 1.5 एनर्जी माप वाले एक्टिव, रिएक्टिव और अपरेंट एनर्जी माप की चर्चा है ।
- अब निर्माताओं से यूनिवर्सल मीटर रीडिंग इन्स्ट्रूमेंट जैसे मीटर बनाने को कहा गया है जो विभिन्न प्रकार के मीटरों को पढ़ सकते हैं । इस उद्देश्य से जरूरी सॉफ्ट वेयर उपलब्ध कराने को कहा गया है जिससे एमआई मीटरों को पढ़ा जा सके ।

विद्युत मीटर – भविष्य

- 1- स्टेटिक मीटरों का भविष्य उज्जवल है और माइक्रोप्रोसेसर आधारित मीटर भविष्य में सबसे ज्यादा लोकप्रिय हों रहे हैं ।
- 2- इस क्षेत्र में जिन जिन खास बातों पर पैरवी की जा रही, उनमें से कुछ इस प्रकार हैं –
- क - विभिन्न पैरामीटरों को स्टोर करने वाले तथा कुछ एमबी मेमोरी वाले हिस्टारिकल डाटा के साथ मीटर
- ख - हाथ में पकड़े हुए एमआरआई के जरिए पढे जाने वाले मीटर
- ग - रिमोट रीडिंग इन्स्ट्रुमेंट द्वारा पढे जाने वाले मीटर
- 3- ऊर्जा संरक्षण और लोड मैनेजमेंट (भार प्रबन्धन) सिस्टम की मांग है – इंटेलीजेंट मीटर । यह मीटर कमरे में कोई न हो तो लाइट स्विच ऑफ कर देते हैं और किसी के न रहने पर बल्व अपने आप ही बंद हो जाते हैं
- 4- प्री पैड मीटर तथा नेट मीटरिंग (एक्सपोर्ट/इम्पोर्ट)मीटर, जीएसएम/जीपीआरएस मॉडम मीटर आदि
-

इलेक्ट्रो मेकेनिकल मीटर (पुराने मीटर)

सिंगल फेज इलेक्ट्रोनिक मीटर (स्टेटिक मीटर)

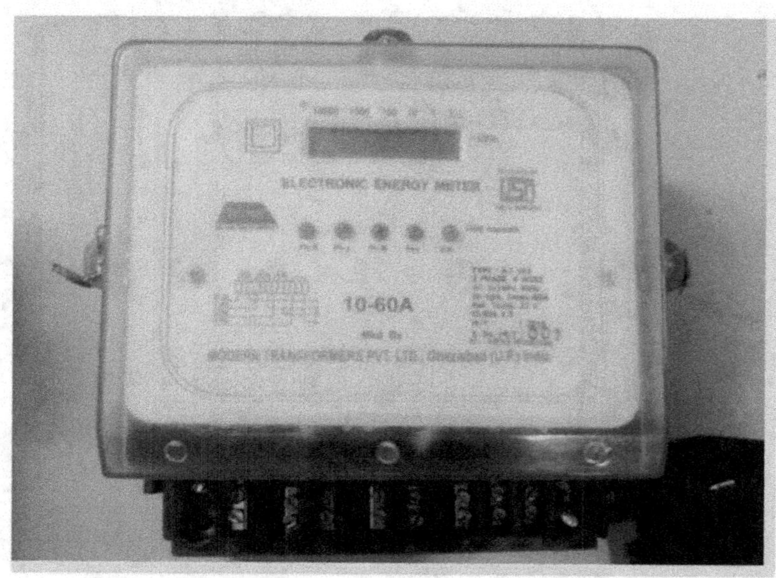

श्री फेज इलेक्ट्रोनिक मीटर (स्टेटिक मीटर)

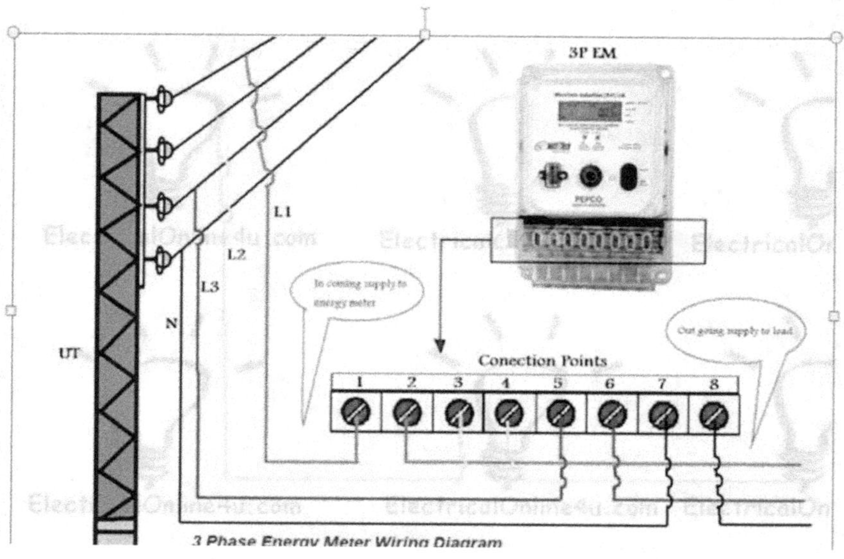

श्री फेज एनर्जी मीटर (स्टेटिक मीटर) - कनेक्शन

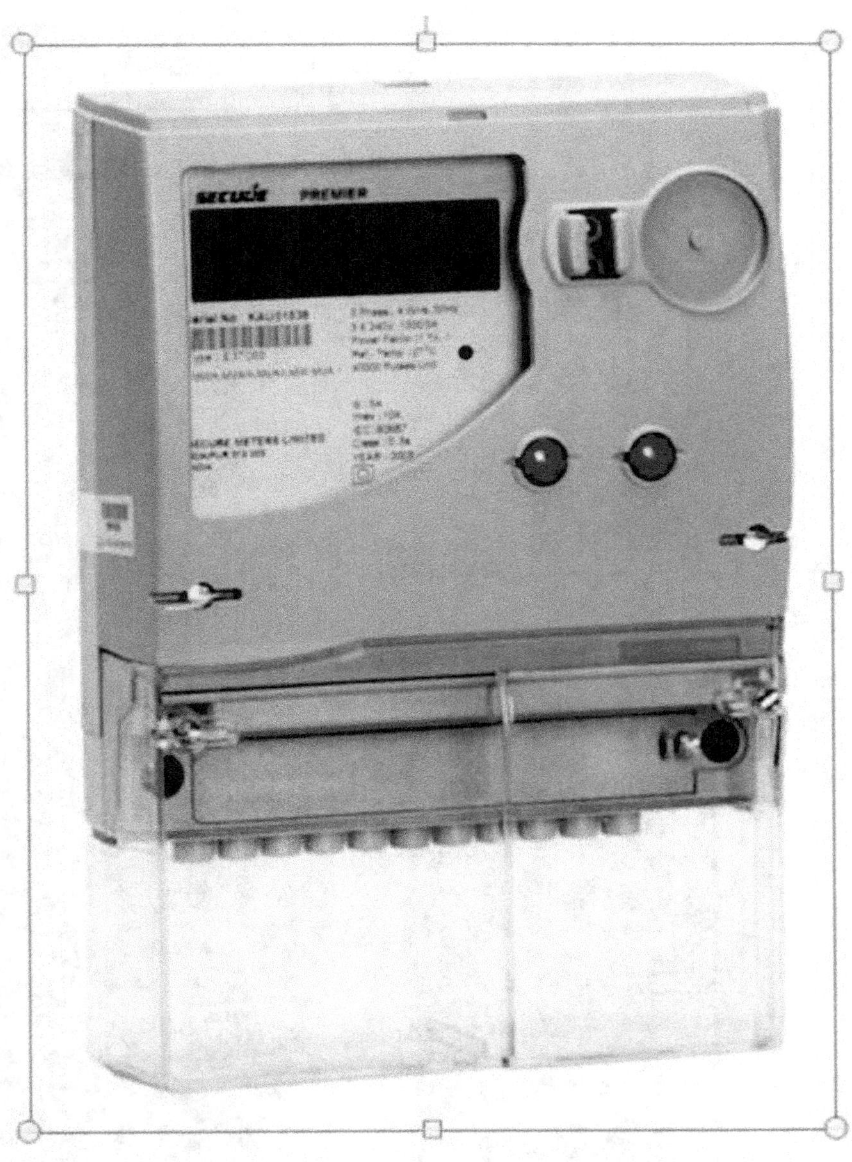

एलटी सीटी मीटर

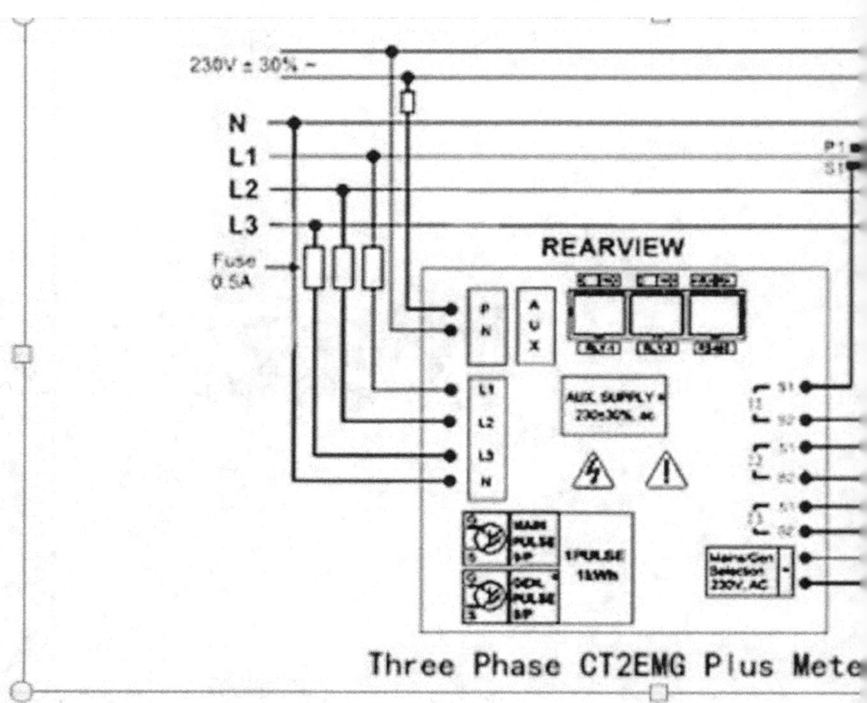
230V ± 30% ~
N
L1
L2
L3
Fuse
0.5A
REARVIEW
P
N
AUX
AUX. SUPPLY
230±30% AC
L1
L2
L3
N
MAIN
PULSE
O/P
1 PULSE
1kWh
OPT.
PULSE
O/P
Mains/Gen
Selector
230V. AC
S1
S2
S1
S2
S1
S2
P1
S1
Three Phase CT2EMG Plus Meter

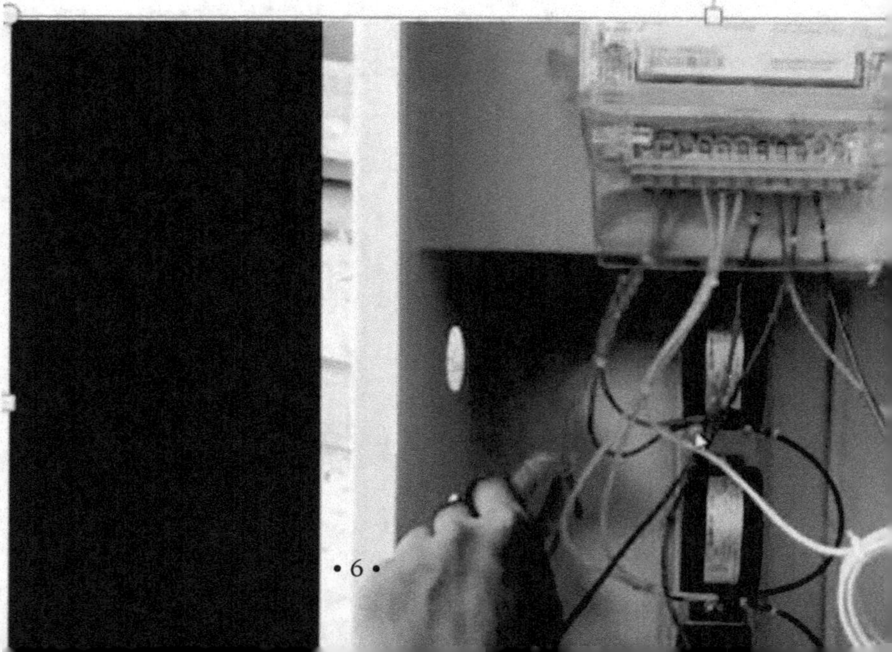

एलटी सीटी मीटर कनेक्शन

2

विद्युत ऊर्जा मीटर – आवश्यकता/चुनाव

विद्युत ऊर्जा मीटर – आवश्यकता/चुनाव

- एनर्जी मीटरों की सटीकता और सही काम करना बहुत महत्वपूर्ण होता है । सही स्थिति बनाए रखने के लिए दोनों को लम्बी अवधि तक सटीक काम करना चाहिए ताकि वह विद्युत की सही खपत रिकार्ड कर सके ।

- मीटर का चुनाव लोड और वोल्टेज के हिसाब से करना चाहिए । मीटर लगाने से पहले उन्हें टेस्ट किया जाता है । कनेक्शन सही होने चाहिए और मीटर की कमीशनिंग के समय मीटर लोड/वोल्टेज पर चेक किया जाना चाहिए । समय समय पर चेकिंग करते रहना चाहिए ताकि उपकरण को अच्छी हालत में बनाए रखा जा सके । इससे उपकरण लम्बे समय तक ठीक काम करता रहेगा ।

- अगर मीटरों का सही रख – रखाव किया जावे तो वे 15 - 20 वर्षों तक अच्छी सेवा दे सकते हैं । लोड में घट बढ़ होने पर कोई फर्क नहीं पड़ेगा बशर्ते कि उन्हें ठीक से स्थापित एवं कमीशन किया जाये, धूल से बचाया जाए और मिस हैंडलिंग न हो लेकिन टेस्ट और चेकिंग समय – समय पर करते रहा जाये ।

3

विद्युत ऊर्जा मीटर - प्रकार/टाइप

विद्युत ऊर्जा मीटर – प्रकार/टाइप

मीटर एक स्थिर उपकरण होता है । जिसका कई प्रकार से वर्गीकरण किया जाता है –

अ – उपभोक्ता के लोड (भार) के अनुसार अथवा फेज के अनुसार -

फेज अनुसार – सिंगल और थ्री फेज मीटर –

- सिंगल फेज मीटर – सामान्यत: 2 से 3 किलोवाट भार (लोड) तक के लिए (सिंगल फेज 2 वायर क्षमता 2.5 – 5 एम्पीयर, 5 - 10 एम्पीयर और 5 - 30 एम्पीयर)

- थ्री फेज मीटर – सभी प्रकार के भार (लोड) के लिए परंतु इनमें एक विभाजन निम्न दाब (एलटी) मीटर तथा उच्च दाब (एचटी) मीटर होते हैं । समान्यत: निम्न दाब मीटर 75 किलोवाट (100 अश्व शक्ति/हार्स पावर) तक के लिए तथा उच्च दाब मीटर 75 किलोवाट (100 अश्व शक्ति/हार्स पावर) से अधिक भार के लिए ।

वोल्टेज अनुसार – एलटी (फेज टू फेज - 0.4 केवी, फेज टू न्यूट्रल 0.230 केवी) मीटर और एचटी मीटर (11 केवी और ऊपर के वोल्टेज)

थ्री फेज मीटरों का पुन: विभाजन इस प्रकार है –

- एलटी मीटर – (1) - थ्री फेज थ्री वायर मीटर,
- (2) - थ्री फेज फोर वायर मीटर –
- ये दोनों प्रकार के मीटर डायरेक्ट हॉल करेंट मीटर कहलाते हैं, जो प्राय: - 0 – 10 एम्पीयर, 5 – 30 एम्पीयर, 10 – 40 एम्पीयर, 10 – 60 एम्पीयर तथा 20 - 100 एम्पीयर क्षमता के होते हैं ।

- (3) - सीटी मीटर – इनको पुन: 2 श्रेणी (एलटी सीटी मीटर तथा एचटी सीटी मीटर) में वर्गीकृत किया गया है । और पुन: थ्री फेज थ्री वायर सीटी मीटर एमडी संकेत सहित, थ्री फेज फोर वायर सीटी मीटर एमडी संकेत सहित वर्गीकरण ।

- एलटी सीटी मीटर में सीटी प्राय: 100/5, 150/5, 200/5, 300/5 अनुपात (रेशो) की होती हैं ।

- उच्च दाब सीटी मीटर के लिए पीटी प्राय: 11 केवी/110 वोल्ट, 33 केवी/110 वोल्ट, और 132 केवी/110 वोल्ट की उपयोग होती हैं अत: पीटी रेशों - /110 वोल्ट तथा सीटी का रेशो - /5 एम्पीयर अथवा - /1 एम्पीयर (ईएचवी सब स्टेशन) होता है ।

- सीटी मीटर में मीटर गुणांक (मल्टी प्लाइनिंग फ़ैक्टर) तथा सीटी पोलरेटी का विशेष ध्यान रखा जाता है ।

- स्पेशल मीटर – थ्री फेज थ्री वायर अथवा थ्री फेज फोर वायर ट्राई वैक्टर या बाई वैक्टर मीटर (एचटी मीटर), एचटी मीटर (सीटी/करेंट ट्रांसफार्मर – पीटी/पोटेन्शियल ट्रांसफार्मर – मीटर) सीटी - पीटी कम्बाइन्ड को एमई (मीटरिंग इक्विपमेंट) भी कहते हैं ।

समेशन मीटर – उपभोक्ता की तरफ समानान्तर फीडरों के साथ –

उपभोक्ता भार अनुसार मीटर कनेक्शन प्रकार : -

सप्लाई वोल्टेज - - न्यूनतम कोनटेक्ट डिमांड - - अधिकतम कोनटेक्ट डिमांड

230 वोल्ट (सिंगल फेज - एलटी – निम्न दाब) - - - - - - - - - 2 किलोवाट

400 वोल्ट (थ्री फेज - एलटी–निम्न दाब) - - 2 किलोवाट से अधिक - - 75 किलोवाट या 100 हॉर्स पावर

11 केवी (उच्च दाब – एचटी) - - 60 केवीए - - 300 केवीए

33 केवी (उच्च दाब – एचटी) - - 60 केवीए - - 8000 केवीए (8 एमवीए)

132 केवी (अति उच्च दाब – ईएचटी) - - 2500 केवीए - - 40,000 केवीए (40 एमवीए)

220 केवी (अति उच्च दाब – ईएचटी) - - 40,000 केवीए (40 एमवीए) - - - - - - -

टिप्पणी – उपरोक्त स्थिति विद्युत सप्लाई कम्पनी के नियमानुसार अलग – अलग भी हो सकती हैं । तथा समयानुसार नियम बदलाव के कारण भी भिन्न – भिन्न हो सकती है ।

4

लोड (भार) के अनुसार मीटर

लोड (भार) के अनुसार मीटर की क्षमता की जानकारी का साधारण नियम -

मीटर किस क्षमता का हो, इसका चयन उपभोक्ता द्वारा स्वीकृत लोड (भार) और उससे कुछ अधिक क्षमता के मीटर का चयन करना होता है ।

सिंगल फेज मीटर – प्राय 2 किलोवाट लोड तक के लिए प्रदाय किए जाते हैं । साधारण रूप से करंट की क्षमता किलोवाट का 2 गुना करके जानी जाती है, इसलिए उससे अधिक क्षमता का मीटर उपयोग करते हैं । 2 किलोवाट का 2 गुना 4 होता है, अत: 4 एम्पीयर से अधिक 5 एम्पीयर का मीटर उपयोग करते हैं । साधारणत: सिंगल फेज मीटर 2.5 – 5 एम्पीयर, 5 – 10 एम्पीयर और 5 – 30 एम्पीयर क्षमता के होते हैं ।

थ्री फेज मीटर – थ्री फेज मीटर एलटी मीटर और एचटी मीटर दोनों ही होते हैं ।

थ्री फेज एलटी मीटर - थ्री फेज मीटर उपभोक्ता लोड (भार) किलोवाट या एचपी (अश्व शक्ति) में होता है । करंट की क्षमता जानने के लिए साधारण रूप से एचपी का सवाया (1.25) से डेढ़ (1.5) गुना करते हैं । यदि लोड किलोवाट में है तो उसका 2 गुना करते हैं कहने के लिए 10 एचपी की मोटर का करंट 12.5 से 15 एम्पीयर होगा । अत 15 एम्पीयर से अधिक क्षमता का मीटर का चयन करना होगा । थ्री फेज एलटी मीटर 0 - 10, 5 – 30, 10 - 40, 10 - 60 और 20 – 100 एम्पीयर क्षमता के होते हैं इनको डायरेक्ट होल करंट मीटर भी कहते हैं ।

एलटी सीटी मीटर - एलटी मीटर की सेकेन्डरी साइड 5 एम्पीयर रहती है । तथा प्राइमरी साइड किलोवाट का 2 गुना या एचपी का 1.5 गुना करके उससे अधिक क्षमता की सीटी का चयन करते हैं । जैसे 60 एचपी (45 किलोवाट) कनेक्शन के लिए क्षमता 90 एम्पीयर से अधिक होनी चाहिए तब सीटी 100/5 की उपयोग की जावेगी ।

एचटी कनेक्शन –

एचटी कनेक्शन के लिए पीटी का सेकेन्डरी 110 वोल्ट रहता है । अत 11 केवी के लिए 11 केवी/110 वोल्ट, 33 केवी के लिए 33 केवी/110 वोल्ट, 132 केवी के लिए 132 केवी/110 वोल्ट, 220 केवी/110 वोल्ट का उपयोग किया जाता है ।

सीटी का चयन – 11 केवी पर 20 केवीए लोड के लिए 1 एम्पीयर, 33 केवी पर 60 केवीए लोड के लिए 1 एम्पीयर, 132 केवी पर 240 केवीए लोड के लिए 1 एम्पीयर तथा 220 केवी पर 400 केवीए लोड के लिए 1 एम्पीयर के अनुसार सीटी की क्षमता निकालते हैं । सीटी की सेकेन्डरी साइट 11 केवी और 33 केवी के लिए 5 एम्पीयर रहती है तथा 132 केवी और उससे अधिक पर 1 एम्पीयर रहती है ।

एचटी मीटर का एमएफ (मल्टीप्लाइनिंग) गुणांक मालूम करना –

एमएफ = डायल फेक्टर X एमई (मीटर उपकरण) रेशो/मीटर रेशो = डायल फेक्टर X (एमई के सीटी रेशो X पीटी रेशो)/(मीटर के सीटी रेशो X पीटी रेशो)

उदाहरण – डायल फेक्टर 2, एमई के सीटी रेशो (200/5) और पीटी रेशो (11 केवी/110 वोल्ट) हैं तथा मीटर के सीटी रेशो (100/5) और पीटी रेशो (11 केवी/110 वोल्ट) हैं

तब एमएफ (गुणांक) = 2 X (200/5 X 11000/110)/(100/5 X 11000/110)

= 2 X (40 X 100)/(20 X 100) = 2 X (40/20) = 4

मीटर एवं लोड के अनुसार सर्विस केबिल का चयन –

क्रमांक - - मीटर लोड किलोवाट - - सर्विस केबिल (एल्यूमिनियम साइज वर्ग मिमी)

1 - - 2 किलो वाट तक - - 2 कोर 10 वर्ग मिमी

2 - - 3 से 10 किलोवाट तक - - 4 कोर 16 वर्ग मिमी

3 - - 11 से 20 किलोवाट तक - - 4 कोर 25 वर्ग मिमी

4 - - 21 से 50 किलोवाट तक - - 4 कोर 50 वर्ग मिमी

5 - - 51 से 99 किलोवाट तक - - 4 कोर 150 वर्ग मिमी

6 - - 100 से 140 किलोवाट तक - - 4 कोर 300 वर्ग मिमी

5

विद्युत ऊर्जा मीटर – मानक (स्टेंडर्ड)

विद्युत ऊर्जा मीटर – मानक (स्टेंडर्ड)

ब्यूरो ऑफ इंडियन स्टेंडर्ड (बीआईएस) के अनुसार ही मीटर होना आवश्यक है यदि ब्रिटिश स्टेंडर्ड (बीएस) मीटर भारतीय विद्युत आयोग (इंडियन इलेक्ट्रिसिटी कमीशन) के मानकों को पूरा करता है तो उपयोग किये जा सकते हैं ।

विद्युत मीटर – भारतीय मानक मीटर के लिए (इंडियन स्टैंडर्ड्स फॉर मीटर)

क्रमांक - - मीटर प्रकार (टाइप) - - भारतीय मानक (इंडियन स्टैंडर्ड्स)

1 - - सिंगल – फेज और थ्री फेज कन्वेन्शनल होल करेंट मीटर्स - - IS 13779 (अंडर रिवीजन)

2 - - सिंगल – फेज/थ्री फेज प्री - पेड़ होल करेंट मीटर्स - - IS 15884 (अंडर रिवीजन)

3 - - थ्री फेज ट्रान्सफार्मर ओपरेटिड मीटर्स - - IS 14697

4 - - होल करेंट सिंगल फेज और थ्री फेज स्मार्ट मीटर्स - - IS16444 Part1, 2015/ IS 15959 Part2, 2015

5 - - ट्रान्सफार्मर ओपरेटिड स्मार्ट मीटर्स - - IS 16444 Part2, 2017/IS 15959 Part3, 2017

6 - - डाटा एक्सचेंज प्रोटोकोल - - IS 15959 Part1

6

मीटर स्वामित्व (ओनरशिप)/निर्माण/निर्माता

मीटर स्वामित्व (ओनरशिप)

उपभोक्ता के परिसर में स्थापित मीटर का स्वामित्व विद्युत प्रदाय करने वाली संस्था का ही होगा । यदि किसी कारणवश उपभोक्ता स्वयं का मीटर क्रय करता है तो भी मीटर परीक्षण, स्थापना, सीलिंग कार्य विद्युत प्रदाय करने वाली संस्था द्वारा ही किया जाएगा । (यह मध्य प्रदेश विद्युत प्रदाय संहिता 2004 के अंतर्गत भी है) ।

मीटर निर्माण/निर्माता

मीटर निर्माताओं की अनुमोद्त सूची (मध्य प्रदेश विद्युत प्रदाय संहिता 2004 अनुच्छेद 8) –

वितरण अनुज्ञप्तिधारी (लाइसेन्सी) उपभोक्ता परिसर में आयोग को प्रस्तुत मीटर निर्माताओं की सूची के अनुसार ही मीटर उत्पाद, अधिष्ठापित कर सकेगा (विद्युत प्रदाय संहिता 8 (अ)) मीटर निर्माण का कार्य निर्माताओं द्वारा निर्धारित विशिष्ट तकनीकी मापदण्ड दर्शाने वाले तथा सुसंगत भारतीय मानक मानदंडों (आएएसएस) के अनुसार ही करेगा ।

मीटर स्थापना स्थल – (विद्युत प्रदाय संहिता 2004) – (8 - 7) मीटर समान्यत: परिसर के बाहर (भवन में तथा सीमा बाउंड्री वाल के अंदर) इस तरह से स्थापित किया जावेगा ताकि हवा, पानी धूप इत्यादि से सुरक्षित रहे तथा मीटर रीडर द्वारा इसकी रीडिंग बाहर से ही की जा सके । तथा मात्र – रीडिंग के लिए परिसर (यदि वह विद्यमान है) को खोलने की आवश्यकता न हो, मीटर बॉक्स सामान्यत: ऐसी ऊंचाई पर स्थापित किया जावेगा ताकि मीटर रीडिंग काउंटर/डिस्प्ले विंडों को मीटर रीडर द्वारा खड़े रहकर आसानी

से पढ़ा जा सके । मीटर की स्थापना टैम्पर प्रूफ बॉक्स में ही करना है ।

सटीकता वर्ग (एक्यूरेसी क्लास ऑफ मीटर) –

सीवीआईपी के टेक्निकल में सटीकता वर्ग 0.2, 0.5, 1.0 और 1.5 एस एनर्जी वाले मीटर उपयोग होते हैं ।

7

मीटर संचालन, परीक्षण, संधारण/अनुरक्षण

मीटर संचालन, परीक्षण, संधारण/अनुरक्षण (ऑपरेशन, टेस्टिंग, मेंटीनेन्स) का कार्य विद्युत अनुज्ञप्तिधारी (लाइसेन्सी) द्वारा ही किया जावेगा ।

मीटर परीक्षण (टेस्ट) –

मीटर परीक्षण प्राय: तीन प्रकार के होते हैं –

1 – रूटीन टेस्ट -

2 – टाइप टेस्ट -

3 – एसेप्टेन्स टेस्ट –

रूटीन टेस्ट – ये टेस्ट अधिकतर पंजीकृत लेब में किए जाते है । रूटीन टेस्ट में नो लोड टेस्ट, एसी वोल्टेज टेस्ट (2 केवी पर), स्टार्टिंग करेंट टेस्ट, इंसुलेशन रजिसटेन्स टेस्ट और क्रीपिंग टेस्ट किए जाते हैं ।

एक्यूरेशी टेस्ट – यह टेस्ट विभिन्न लोड के साथ विभिन्न पावर फैक्टर के साथ किए जाते हैं – यथा –

1. 5 % बेसिक करेंट, 10 % बेसिक करेंट यूनिटी पावर फैक्टर पर

2. 10 % बेसिक करेंट, 20 % बेसिक करेंट 0.5 पावर फैक्टर लेगिंग पर

3. 5 % बेसिक करेंट, 10 % बेसिक करेंट 0.8 पावर फेक्टर लीडिंग पर

टाइप टेस्ट – ये टेस्ट हाई वोल्टेज लेब में किए जाते हैं । शॉक प्रूफ टेस्ट, डस्ट प्रूफ टेस्ट आदि

एसेप्टेन्स टेस्ट – ये निर्माता के यहाँ व अन्य स्थान पर किए जा सकते हैं । इनके दो तरीके हैं – एक – एक्वाचेक मीटर से टेस्ट, दो – पेरेलल (समानान्तर) मीटर से टेस्ट

सामान्य स्थल परीक्षण –

उपरोक्त के अतिरिक्त मीटर के सामान्य रूप से कार्य करने की जांच मीटर स्थापना स्थल पर मीटर पर लोड लेकर कर ली जाती हैं, जिससे मीटर के सही कार्य करने का पता चल जाता हैं । जैसे 1 किलोवाट लोड को एक घंटे इस्तेमाल करने पर मीटर खपत एक यूनिट (एक किलोवाट आवर) होती है, यदि –

मीटर एक यूनिट खपत दर्शाता है तब मीटर सही है ।

मीटर एक यूनिट से कम खपत दर्शाता है तब मीटर धीमी (स्लो) गति से चल रहा है ।

मीटर खपत एक यूनिट से अधिक दर्शाता है तब मीटर तेज (फास्ट) चलना दर्शाता है ।

सीलिंग – इंटरफेस मीटर से संबन्धित कार्य दोनों (आपूर्ति कर्ता व क्रेता) के द्वारा संयुक्त रूप से कराया जावेगा । तथा उपभोक्ता मीटर के सीलिंग कार्य अनुज़्प्तिधारी (लाइसेन्सी) द्वारा ही किया जावेगा ।

सील – सील – पोलीकार्बोनेट, एक्रेलिक, प्लास्टिक, होलोग्राफिक होना आवश्यक है । लेड सील का उपयोग बंद कर दिया गया है ।

मीटर सुरक्षा – (सेफ्टी ऑफ मीटर) –

मीटर सुरक्षा परिसर से संबन्धित उपभोक्ता की होगी । मीटर से संबन्धित किसी विघ्न बाधा डालने वाले के प्रति भारतीय विद्युत अधिनियम 2003 की धारा 138 के अनुसार कार्यवाही होगी ।

मीटर वाचन/लेखन – (रीडिंग/रिकॉर्डिंग) – समान्यत: उपभोक्ता रीडिंग का कार्य मासिक रूप से दिन के समय ही किया जावेगा (म प्र विद्युत प्रदाय संहिता अध्याय – 9) । अन्यथा की स्थिति में अन्य व्यवस्था जैसे एएमआर (औटोमेटिक मीटर रीडिंग) आदि से की जा सकती है ।

मीटर खराब/फेल होना –

मीटर निरीक्षण की शिकायत का 7 दिवस में निराकरण करना होगा । बंद/खराब मीटर शहरी क्षेत्र में 15 दिवस तथा ग्रामीण क्षेत्र में 30 दिवस में बदलना होगा । जला मीटर 7 दिवस में (मीटर जलने की कीमत जमा करने की दिनांक से) बदलना होगा । यह म प्र विद्युत नियामक आयोग (एमपीईआरसी) के नियमों के निर्देशानुसार करना होता है ।

- विद्युत विभाग को दोषपूर्ण मीटरों का कुल सेवारत मीटरों का प्रतिशत कायम रखना होगा जो शहरी क्षेत्र में 1.5 प्रतिशत और ग्रामीण क्षेत्र में 3 प्रतिशत होगा ।
- टिप्पणी – नियम परिवर्तन के अनुसार समय सीमा में बदलाव संभव हैं ।

केलीबरेशन एवं पीरिओडीकल मीटर परीक्षण –

अनुज़्प्तिधारी (लाइसेन्सी) का यह उत्तरदायित्व होगा कि मीटर की स्थापना पूर्व मीटर की परिशुद्धता से अपने को संतुष्ट कर ले और इस प्रयोजन हेतु वह मीटर का परीक्षण कर सकता है । अनुज़्प्तिधारी निम्नलिखित समयावधि के अनुसार मीटरों का नियतकालिक

निरीक्षण/परीक्षण करेगा -

- एकल फेज मीटर (5 वर्ष में कम से कम एक बार)

- निम्नदाब तीन फेज मीटर (3 वर्ष में कम से कम एक बार)
- एचटी मीटर – एमडी मीटर - (प्रत्येक वर्ष में कम से कम एक बार)
- जहां संभव हो, सीटी एवं पीटी का परीक्षण भी मीटरों के साथ किया जावे ।

परीक्षण परिणामों को भारतीय विद्युत नियम 1956 के नियम 57 के अनुसार अनुरक्षित रखा जावेगा –

यदि आवश्यक हो तो अनुज्ञप्तिधारी विद्यमान मीटर को परीक्षण हेतु निकाल सकता है तथापि ऐसी स्थिति में लाइसेन्सी के प्रतिनिधि को इस तरह की प्राधिकृत सूचना प्रस्तुत करनी होगी और अनुज्ञप्तिधारी के प्रतिनिधि द्वारा मीटर निकालने से पूर्व नाम व पद सहित हस्ताक्षर कर उपभोक्ता को पावती का प्रपत्र/कागज देना होगा । उपभोक्ता ऐसी परिस्थितियों में मीटर निकालने पर प्रतिवाद नहीं करेगा ।

केलीबरेशन कार्य भी मानक अनुसार निर्धारित एनएबीएल से करायेंगें

8

मीटर नवीन तकनीकियाँ

मीटर नवीन तकनीकियाँ –

पुराना तरीका लीगेसी (परम्परागत) था, वर्तमान में डीएलएमएस (डिवाइस लेंग्वेज मेनेजिंग सिस्टम) तरीका है । मेन्यूअल रीडिंग के स्थान पर एएमआर (आटोमेटिक मीटर रीडिंग), स्थाननीय रीडिंग (एमआरआई – मीटर रिकॉर्डिंग इन्स्ट्रूमेंट) के द्वारा की जा रही है । जीएसएम (ग्लोबल सिस्टम ऑफ मोबाइल) के द्वारा प्वाइंट टू प्वाइंट एचटी (उच्च दाब) कनेक्शन की मीटर रीडिंग की जा रही है । जीपीआरएस (जनरल पोकिट रेडियो सर्विस) मॉडम से मल्टीपिल कम्युनीकेशन द्वारा एलटी कनेक्शन का रीडिंग कार्य हो रहा है । मीटर में स्थापित विशेष मॉडम के माध्यम से एएमआर का कार्य किया जा रहा है ।

एलपीआर मीटर रीडिंग प्रणाली –

एलपीआर (लो पावर रेडियो फ्रीक्वेन्सी) प्रणाली का उपयोग किया जा रहा है । बार कोड उपकरण भी उपयोग में आ रहे हैं, तथा आधुनिक मीटर जिसे इंटेलिजेंट मीटर का नाम दिया गया है । ऊर्जा संरक्षण तथा लोड मेनेजमेंट सिस्टम की मांग के अनुरूप यह मीटर कमरे में कोई न हो तो लाइट स्विच ऑफ कर देते हैं और किसी के न रहने पर बल्व आप ही बंद हो जाते हैं । प्रीपेड मीटर भी बड़े – बड़े शहरों में बहुमंजिला भवनों में उपयोग किये जा रहे हैं । आयात – निर्यात (इम्पोर्ट – एक्सपोर्ट) मीटर का उपयोग भी चलन में है, इसे ही नेट मीटरिंग भी कहते हैं, जहां उपभोक्ता अन्य स्रोत सोलर, विंड पावर से स्वयं विद्युत का उत्पादन कर अधिक विद्युत निर्यात (एक्सपोर्ट) करता है ।

विभिन्न प्रकार की टैंपरिंग की जानकारी (संकेत) इन मीटरों के द्वारा मिलती है । -

1. मिसिंग ऑफ पोटेन्शियल
2. वोल्टेज असंतुलन (अनबेलेन्स ऑफ वोल्टेज)
3. करेंट असंतुलन
4. करेंट रिवर्सल

5. करेंट वायपास
6. करेंट सर्किट ओपन
7. न्यूट्रल डिस्टर्वेन्स
8. मैगनेट टैम्पर
9. फ्रंट कवर ओपन
10. नो टैम्पर प्रजेंट आदि

विद्युत ऊर्जा मीटर – एचटी मीटर एमई उपकरण –

- मीटर में 3 वोल्ट लिथियम सर्किट वाली बैटरी लगी होती है ।
- मीटर पर रीडिंग के समय तीन सील लगाई जाती हैं – एक टर्मिनल कवर, एक एमडी रिसेट बटन पर और एक सामने वाले कवर पर ।
- सीटी के सेकेन्डरी साइड में सीटी रेशो 5 एम्पीयर या 1 एम्पीयर होता है । पीटी के सेकेन्डरी साइड में पीटी रेशो 110 वोल्ट होता है ।
- मीटर उपकरण जांच –
- सीटी और पीटी की सही सही पोलरिटी, प्राइमरी और सेकेन्डरी बाइंडिंग का कंटीन्यूटी टेस्ट, सीटी का प्राइमरी इंजेक्शन किट के लिए रेशो टेस्ट, प्राइमरी साइड पर एलटी वोल्टेज लागू करके पीटी के लिए वोल्टेज रेशो टेस्ट, इंसुलेशन रेशो, नेम प्लेट पर दिये गये विवरण के अनुसार टर्मिनल मार्किंग

विद्युत मीटर – पोलरिटी और रेशो की चेकिंग –

- पीटी रेशों सुनिश्चित करने के लिए पीटी के हाई वोल्टेज टर्मिनलों को 415 वोल्ट की थ्री फेज सप्लाई दी जाती है, और फेज टू फेज तथा फेज टू न्यूट्रल के बीच सेकेन्डरी वोल्टेज मापा जाता है । सही – सही फेजिंग की पहचान एक फेज के बाद दूसरे को वोल्टेज देकर किया जाता है ।
- पोलरिटी की चेकिंग प्राइमरी टर्मिनल को किसी बैटरी के पॉज़िटिव और नेगेटिव के तार छुआ कर और सेकेन्डरी साइड पर उसी फेज के सेंट्रल जीरो डीसी वोल्टमीटर पर जोड़ने से डिफलेक्शन की दिशा देखकर किया जाता है ।
- करेंट ट्रांसफार्मर – रेशो का निर्धारण प्राइमरी इंजेक्शन किट के द्वारा किया जाता है । यह तब और महत्वपूर्ण हो जाता है जब सीटी के मल्टीपल रेशो होते हैं । क्योंकि ऊर्जा की बहुत बड़ी मात्रा की गणना करनी होती है, इसलिए यह टेस्ट बहुत सावधानी से करना चाहिए ।

विद्युत एचटी (उच्च दाब) मीटर –

एचटी उपभोक्ताओं के परिसर में अथवा उपकेन्द्रों (सब – स्टेशनों) में लगाने के लिए इलेक्ट्रोनिक ट्राई वेक्टर मीटर उपयोग किये जा रहे है इनकी खास बात निम्नानुसार प्रस्तुत है –

मीटर में डिस्प्ले सिस्टम की मुख्य जानकारियां -

1. एक्टिव एनर्जी यूटिलाइजेशन – केडब्ल्यूएच
2. रिएक्टिव एनर्जी यूटिलाइजेशन – केवीएआरएच
3. अपरेंट एनर्जी यूटिलाइजेशन – केवीएएच
4. पीक मैक्सीमम डिमांड – केवीए, केडब्ल्यू (लेगिंग – पीएफ - पावर फ़ैक्टर के साथ)
5. क्यूमूलेटिव डिमांड – केवीए
6. पिछले महीने के लिए एमडी बिलिंग
7. रीसेट काउंटर
8. पावर फ़ैक्टर
9. फ्रीक्वेन्सी
10. सप्लाई की वोल्टेज में मिसिंग पीटी होना
11. मीटरिंग का टाइम
12. मीटरिंग के टाइम में अंतराल (पिछली रीडिंग से)
13. ऊर्जा – आयात/निर्यात (इम्पोर्ट/एक्सपोर्ट)
14. टैम्पर जानकारी
15. बीते समय के साथ मांग प्रस्तुत करना

मीटर पर तीन सील लगाई जाती हैं । एक – सामने वाले कवर पर, एक – टर्मिनल कवर पर, एक - एमडी रिसेट बटन पर । मीटर में तीन वोल्ट लिथियम सर्किट वाली बैटरी लगी होती है । मीटर सेकेन्डरी साइड में सीटी रेशो 5 एम्पीयर (11 केवी व 33 केवी) या 1 एम्पीयर (132 केवी और अधिक वोल्टेज) पर बनाए जाते हैं । सेकेन्डरी साइड पर पीटी रेशो 110 वोल्ट होता है ।

सीटी और पीटी (एमई - मीटरिंग इक्युपमेंट) पर मीटरों की स्थापना –

सीटी और पीटी पर मीटर स्थापना से पहले मीटरिंग उपकरणों की जांच करते समय निम्नलिखित देखें –

1. सीटी और पीटी की सही पोलेरिटी
2. प्राइमरी और सेकेन्डरी वाईंडिंग्स का कंटीन्युटी टेस्ट
3. सीटी का प्राइमरी इंजेक्शन किट के लिए रेशो टेस्ट
4. प्राइमरी साइड पर एलटी वोल्टेज लागू करके वोल्टेज रेशो टेस्ट
5. इंस्यूलेशन टेस्ट

6. नेम प्लेट पर दिये गये विवरण के अनुसार टर्मिनल मार्किंग

विद्युत मीटर – पोलरिटी और रेशो की चेकिंग–
पीटी रेशों सुनिश्चित करने के लिए पीटी के हाई वोल्टेज टर्मिनलों को 415 वोल्ट की थ्री फेज सप्लाई दी जाती है, और फेज टू फेज तथा फेज टू न्यूट्रल के बीच सेकेन्डरी वोल्टेज मापा जाता है । सही – सही फेजिंग की पहचान एक फेज के बाद दूसरे को वोल्टेज देकर किया जाता है ।

- पोलरिटी की चेकिंग प्राइमरी टर्मिनल को किसी बैटरी के पॉज़िटिव और नेगेटिव के तार छुआ कर और सेकेन्डरी साइड पर उसी फेज के सेंट्रल जीरो डीसी वोल्टमीटर पर जोड़ने से डिफ्लेक्शन की दिशा देखकर किया जाता है ।
- करेंट ट्रांसफार्मर – रेशो (अनुपात) का निर्धारण प्राइमरी इंजेक्शन किट के द्वारा किया जाता है । यह तब और महत्वपूर्ण हो जाता है जब सीटी के मल्टीपल रेशो होते हैं । क्योंकि ऊर्जा की बहुत बड़ी मात्रा की गणना करनी होती है, इसलिए यह टेस्ट बहुत सावधानी से करना चाहिए ।

मेनेजमेंट डाटा – एडवांटेज ऑफ एमडास (एमडीएएस) एंड एमडीएमएस -
बेसिक बीजिनिस नीड्स (प्राथमिक व्यापार जरूरत) - बीजिनिस एफीसिएन्सी (व्यापार दक्षता) -एक्स्टेंसिव कस्टमर इंटरेकशन बिलिंग - - होम डिस्प्ले - - रियल टाइम प्राइसिंग प्रीपेमेंट - - मोबिलिटी सोल्युशन - - इंटेग्रेटिड आउटेज मेनेजमेंट

मीटर रीडिंग - - नेट मीटरिंग, सोलर - - बीजिनिस एनेलेटिक्स

थेफ्ट डिटेक्शन - - ऑन लाइन एनर्जी आडिट - - होम एनर्जी मेनेजमेंट

प्लान्ट मेंटीनेंस - - स्पोटियल टेक्नोलोजी - - गेदरिंग स्ट्रक्चर एंड अन स्ट्रक्चर्ड डाटा

असेट मेनेजमेंट - - इंटीग्रेटिड डिस्कनेक्शन - - सेपरेशन ऑफ केरिज एंड कंडक्ट

नेट वर्क आटोमेशन - - एडवांस्ड असेट मेंजमेंट - - फील्ड फोर्स आटोमेशन

आउटेज मेनेजमेंट - - प्री डिक्टिव मेंटीनेंस - - एक्सटेंसिव रूफ टॉप सोलर इंटीग्रेशन

- - - - - - एडवांस फाल्ट मोनीटरिंग - - - - - -

- - - - - - डिमांड मेनेजमेंट (डीएसएम, डीआर) - - - - - -

9

जीएसएम तकनीकी (प्रौद्योगिकी) के साथ प्री पेड एनर्जी मीटर

जीएसएम तकनीकी (प्रौद्योगिकी) के साथ प्री पेड एनर्जी मीटर

सारांश - - प्री पेड एनर्जी मीटर का उद्देश्य बिजली बिलिंग काउंटरों पर लाइन (कतार) को कम करना और बिलों का भुगतान न करने पर स्वचालित रूप से बिजली के उपयोग को प्रतिबंधित करना है, मीटर का उद्देश्य एक प्रणाली का प्रस्ताव करना भी है जो नुकसान को कम करेगा बिजली चोरी और अन्य अवैध गतिविधियों के कारण बिजली और राजस्व। कार्य प्रणाली "पूर्व भुगतान की गई बिजली" की एक पूरी तरह से नई अवधारणा को अपनाती है। जीएसएम तकनीक का उपयोग किया जाता है ताकि उपभोक्ता को बिजली की खपत (वाट में) के बारे में संदेश मिले और अगर यह न्यूनतम राशि तक पहुंच जाए, तो यह स्वचालित रूप से उपभोक्ता को रिचार्ज करने के लिए सचेत कर देगा। यह तकनीक सभी बिजली वितरण कंपनियों, निजी समुदायों, आईटी पार्कों और स्वयं की आवासीय परियोजनाओं के लिए अच्छी है। पूर्व भुगतान मीटर के कार्यान्वयन से बेहतर ऊर्जा प्रबंधन, ऊर्जा के संरक्षण और गलत बिलिंग पर अनावश्यक परेशानियों को दूर करने में मदद मिलेगी। स्वचालित बिलिंग प्रणाली वास्तविक समय की खपत पर नज़र रखेगी और खपत और बिलिंग पर असहमति की गुंजाइश कम होगी।

- **परिचय** - - जीएसएम तकनीकी (प्रौद्योगिकी) का उपयोग किया जाता है ताकि उपभोक्ता को बिजली की खपत (वाट्स में) के बारे में संदेश मिले और अगर यह न्यूनतम राशि तक पहुंच जाए, तो यह स्वचालित रूप से उपभोक्ता को रिचार्ज करने के लिए सचेत कर देगा। यह तकनीक सभी बिजली वितरण कंपनियों, निजी समुदायों,

आईटी पार्कों और स्वयं की आवासीय परियोजनाओं के लिए अच्छी है।

- **प्री पेड मीटर** के कार्यान्वयन से बेहतर ऊर्जा का परिचय होगा - - जीएसएम प्रौद्योगिकी का उपयोग किया जाता है ताकि उपभोक्ता को बिजली की खपत (वाट्स में) के बारे में संदेश मिले और अगर यह न्यूनतम राशि तक पहुंच जाए, तो यह स्वचालित रूप से उपभोक्ता को सचेत कर देगा। रिचार्ज करें। यह तकनीक सभी बिजली वितरण कंपनियों, निजी समुदायों, आईटी पार्कों और स्वयं की आवासीय परियोजनाओं के लिए अच्छी है। प्रबंधन, ऊर्जा का संरक्षण और गलत बिलिंग पर अनावश्यक परेशानियों को भी दूर करता है। स्वचालित बिलिंग प्रणाली वास्तविक समय की खपत पर नज़र रखेगी और खपत और बिलिंग पर असहमति की गुंजाइश कम होगी।

- **लाभ** - - वर्तमान बिजली उपयोग रीडिंग को उपभोक्ता स्थानों पर स्थानांतरित करके मैन्युअल रूप से बनाया जाता है। इस कार्य को पूरा करने के लिए बड़ी संख्या में श्रमिक ऑपरेटरों और बड़े काम के घंटों की आवश्यकता होती है। खराब मौसम की स्थिति के कारण मैनुअल बिलिंग कुछ समय के लिए प्रतिबंधित और विलंबितहोती है। मुद्रित (प्रिंटिंग) बिलिंग में भी खो जाने की प्रवृति होती है। पिछले कुछ वर्षों में स्मार्ट (प्री पेड) ऊर्जा मीटर को एक अभिनव समाधान के रूप में प्रस्तावित किया गया है जिसका उद्देश्य उपयोगिता को कम करने और उपयोगिता की लागत को कम करना है।इस तंत्र, अनिवार्य रूप से, इसके उपभोग से पहले उपयोगकर्ताओं को बिजली के लिए भुगतान करने की आवश्यकता होती है। इस तरह से उपभोक्ता क्रेडिट लेते हैं और फिर क्रेडिट समाप्त होने तक बिजली का उपयोग करते हैं। यदि परिवर्तनीय ऋण समाप्त हो जाता है, तो बिजली की आपूर्ति एक रिले द्वारा काट दी जाती है। मानव ऑपरेटरों द्वारा किए गए प्रसार त्रुटियों से ग्रस्त हैं। यह पूर्व भुगतान मीटर उपर्युक्त समस्याओं को संबोधित करता है। पिछले दो दशकों में जीएसएम बुनियादी ढांचे के विकास ने मीटर रीडिंग सिस्टम को वायरलेस बना दिया।

- **लाभ**- - जीएसएम (GSM) अवसंरचना, जिसमें राष्ट्रीय विस्तृत कवरेज है, का उपयोग जीएसएम संचार का उपयोग करके रीडिंग बनाने के अलावा, अलग-अलग घरों और फ्लैटों पर बिजली की खपत की सूचना प्राप्त करने के लिए किया जा सकता है। बिजली के अनावश्यक उपयोग से बचने के लिए बिलिंग प्रणाली को पूर्व भुगतान किए जाने की आवश्यकता है। प्री पेड एनर्जी मीटर का उपयोग अभी भी विवादास्पद है।एक तरफ, जो लोग प्री-पेड मीटर के दावे के प्रसार का समर्थन करते हैं और वे उपभोक्ता और उपयोगिताओं दोनों को लाभान्वित करते हैं क्योंकि वे उपयोगकर्ताओं को अधिक कुशलता से उपभोग करने और अपने बजट के प्रबंधन में सुधार करने में मदद करते हैं, जबकि दूसरी तरफ वित्तीय लागत को कम करने की अनुमति देते हैं। उन लोगों को सौंपें जो पूर्व भुगतान किए गए मीटरों के खिलाफ हैं उनका तर्क है कि फर्मों के लिए उनका गोद लेना महंगा है औरकम आय वाले उपभोक्ता के लिए जोखिम के रूप में उनकी आय

की असुरक्षा और अस्थिरता उन्हें सेवा का कम उपयोग करने या अंततः अनैच्छिक स्व वियोग के लिए मजबूर कर सकती है।

- **कार्यप्रणाली** - पूर्व भुगतान कार्ड को एक निश्चित राशि के लिए रिचार्ज किया जाता है और इसे माइक्रो कंट्रोलर के इनपुट के रूप में फीड किया जा सकता है। माइक्रो कंट्रोलर को ऐसे प्रोग्राम किया जाता है कि जब रिचार्ज की गई राशि का उपयोग हो जाता है तो रिले का उपयोग करके बिजली की आपूर्ति बंद कर दी जाएगी। जीएसएम संचार मॉड्यूल का उपयोग उपभोक्ता को बिजली की खपत की इकाई और उनके शेष के बारे में संदेश भेजने के लिए किया जाता है और शेष राशि को प्रदर्शित करने के लिए एलसीडी डिस्प्ले का भी उपयोग किया जाता है।

- **लैब दृश्य सिमुलेशन** - -

- लॉजिक बनाया जाता है जो लोड के उपयोग के अनुसार बिजली की खपत को बदलता है, इसलिए बिना लोड के, बिजली की खपत नहीं होती है और रिचार्ज की गई कीमत में कोई कमी नहीं होती है।

- लैब में उपयोग किया जाने वाला एल्गोरिदम। नीचे देखें -

- 1. कार्यक्रम में कार्ड डालें (यहां रिचार्ज राशि का प्रतिनिधित्व करने के लिए चर का उपयोग किया जाता है)

- 2. वर्तमान बिल देने के लिए उपभोग की गई इकाई के साथ प्रति वाट मूल्य गुणा किया जाता है।

- 3. वर्तमान बिल राशि रिचार्ज की गई राशि में से काट ली जाती है।

- 4. जब रिचार्ज की गई कुल राशि का उपयोग किया जाता है और फिर लोड को बिजली की आपूर्ति बंद कर दी जाती है।

कार्य व्यवस्था (वर्किंग) - -

- माइक्रो नियंत्रक प्राथमिक नियंत्रक के रूप में कार्य करता है। प्राथमिक नियंत्रक ऊर्जा मीटर के साथ-साथ स्मार्ट कार्ड से जानकारी एकत्र करता है। यहां आईसी के बजाय स्विच का उपयोग किया जाता है। स्मार्ट कार्ड, जो स्विच है, इकाइयों की सीमा के बारे में जानकारी देता है। ऊर्जा मीटर रीडिंग की तुलना माइक्रो नियंत्रक द्वारा स्मार्ट कार्ड की जानकारी से की जाती है। परिणाम पर निर्भर करते हुए, माइक्रो नियंत्रक बजर को सक्रिय करेगा, अगर क्रेडिट कम है और नियंत्रक रिले को ट्रिगर करेगा यदि क्रेडिट बहुत कम हो जाता है। रिले बिजली की आपूर्ति को काटने और बहाल करने के लिए स्विचिंग डिवाइस है। एलसीडी समानांतर पोर्ट कनेक्शन का उपयोग करके माइक्रो नियंत्रक से जुड़ा हुआ है। माइक्रो कंट्रोलर आधारित सिस्टम लगातार रीडिंग रिकॉर्ड करता है। कोडिंग इस तथ्य पर जोर देती है कि यह मानव श्रम को कम करता है लेकिन उपयोग की गई बिजली

के बिलों की गणना में दक्षता बढ़ाता है।

- उपयोगकर्ता को जीएसएम मॉड्यूल की मदद से उनके क्रेडिट में कम संतुलन के बारे में सूचित किया जा सकता है। जीएसएम (GSM मॉडेम) क्रमिक रूप से नियंत्रक से जुड़ा होता है जो उपयोगकर्ता और मीटर के बीच प्रमुख संचार मॉड्यूल है। सूचना के हस्तांतरण के लिए जीएसएम अपने स्वयं के नेटवर्क का उपयोग करता है। प्रोग्रामिंग जीएसएम एटी कमांड के संदेश सुविधाओं का उपयोग करता है, और एक बार रिले चालू होने के बाद, बिजली की आपूर्ति काट दी जाएगी। यदि मीटर पर्याप्त क्रेडिट के साथ रिचार्ज किया जाता है, तो बिजली की आपूर्ति फिर से की जाएगी।

- **निष्कर्ष-**

- जीएसएम तकनीकी (प्रौद्योगिकी) का उपयोग कर स्मार्ट एनर्जी (ऊर्जा) मीटर का डिज़ाइन उपयोगकर्ताओं को इसकी खपत से पहले बिजली का भुगतान करने के लिए कर सकता है। इस तरह उपभोक्ता क्रेडिट को रोकते हैं और तब तक बिजली का उपयोग करते हैं जब तक कि क्रेडिट समाप्त नहीं हो जाता। यदि उपलब्ध क्रेडिट समाप्त हो जाता है, तो बिजली की आपूर्ति एक रिले द्वारा काट दी जाती है। उपयोगकर्ता को जीएसएम संचार मॉड्यूल की मदद से अंतरंग करने के लिए भी व्यवस्था की जाती है जब उनके संतुलन में उनका क्रेडिट कम हो जाता है इस प्रणाली को एक अभिनव समाधान के रूप में प्रस्तावित किया गया है चूंकि माइक्रो कंट्रोलर आधारित प्रणाली डिजाइन की जा रही है, रीडिंग लगातार रिकॉर्ड की जा सकती है। यह मानव श्रम को कम करता है और उसी समय उपयोग की गई बिजली के लिए बिलों की गणना में दक्षता बढ़ जाती है। स्मार्ट ऊर्जा मीटर बिजली के अनावश्यक अपव्यय पर जागरूकता पैदा करने का समाधान लाएगा और बिजली की बर्बादी को कम करेगा। यह मॉड्यूल के बोझ को कम करेगा। कनेक्शन आसानी से स्थापित करने से ऊर्जा प्रदान करता है और बिजली की कोई चोरी नहीं होगी।

बढ़ते डिजिटलकरण

- बिजली क्षेत्र परिवर्तन के दौर से गुजर रहा है और प्रतिस्पर्धी बने रहने के लिए, बिजली उपयोगिताओं हर दूसरे उद्योग की तरह डिजिटलाइजेशन की ओर बढ़ रही हैं। वितरित पीढ़ी में वृद्धि, अक्षय-आधारित क्षमता और भंडारण प्रणालियों, स्मार्ट ग्रिड प्रौद्योगिकियों के कार्यान्वयन, और प्रो-समर्स के विकास ऐसे परिवर्तन की आवश्यकता को तेज कर रहे हैं। डिजिटलाइज़ेशन के माध्यम से, उपयोगिताएँ अंतर्दृष्टि प्राप्त कर सकती हैं, और नई प्रौद्योगिकियों को प्रभावी ढंग से लागू करने के लिए अभिनव व्यापार मॉडल का निर्माण कर सकती हैं।

- कार्बन फुटप्रिंट को रोकने के उद्देश्य से, सरकार तेजी से नवीकरणीय ऊर्जा और वितरित ऊर्जा संसाधनों पर ध्यान केंद्रित कर रही है। नवीकरणीय ऊर्जा के साथ - साथ सूक्ष्म ग्रिड और ऊर्जा भंडारण प्रणालियों पर भी जोर दिया गया है। अक्षय-आधारित क्षमता को जोड़ने के दौरान, ग्रिड पर निहितार्थों पर विचार करना महत्वपूर्ण है। इसके लिए, डिजिटलीकरण की प्रमुख भूमिका है। कृत्रिम बुद्धिमत्ता को अपनाना एक प्रमुख प्रवृत्ति है, जो ट्रांसफार्मर, सबस्टेशन, सर्किट ब्रेकर और मीटर सहित उपयोगिता की परिसंपत्तियों के प्रदर्शन में मदद करता है। यह एक दूसरे के साथ इनसे प्राप्त आंकड़ों के एकीकरण में भी मदद करता है और सिस्टम के प्रदर्शन को बढ़ाता है।

- **शीर्ष प्रशिक्षण में शीर्ष स्तर**

- अन्य रुझानों में ग्रिड में बिजली और डेटा का बहुआयामी प्रवाह, उपयोगिताओं के कर्मचारियों की अपस्किलिंग और क्लाउड कंप्यूटिंग को अपनाना शामिल है। उपयोगिताएँ तेजी से अपने सिस्टम एप्लिकेशन को क्लाउड में स्थानांतरित कर रही हैं। इन क्लाउड सेवाओं का स्वामित्व उपयोगिता या कुछ अन्य विक्रेता के पास हो सकता है या इन्हें अन्य उपयोगिताओं के साथ साझा किया जा सकता है। इनको आगे बढ़ाया जा सकता है, डिजिटलीकरण लाभ ट्रैक्शन के साथ। साइबर सुरक्षा सुनिश्चित करना चुनौतीपूर्ण होगा। विभिन्न नियंत्रण प्रणाली जैसे कि स्काडा (SCADA) प्रणाली अब प्रमुख परिसंपत्तियों पर साइबर हमले से जोखिम को कम करने में मदद करने के लिए उपलब्ध हैं। वे महत्वपूर्ण कमजोरियों और अन्य घटनाओं की पहचान करने में भी सक्षम होते हैं जो सिस्टम की सुरक्षा को खतरे में डाल सकते हैं।

- ज़रूरी भाग:

- डिजिटल परिवर्तन केवल किसी उत्पाद को देखने और उसकी विशेषताओं और कार्यों को देखकर खरीदने के बारे में नहीं है। यह एक परिणाम संचालित निर्णय का अधिक है। यूटिलिटीज को अपनी निवेश योजनाओं को परिणामों में जोड़ने की जरूरत है कि कितना बचत की जा सकती है और अगर ये बचत सार्वजनिक-निजी भागीदारी जैसे विभिन्न मॉडलों के माध्यम से साझा की जा सकती है। नकदी प्रवाह, शुद्ध वर्तमान मूल्य और रिटर्न की आंतरिक दर, आदि के संदर्भ में परिणाम। को मान्य करने की आवश्यकता है।

- एक अन्य मुख्य घटक पर विचार करने की आवश्यकता है जो उद्योग की तत्परता है। उपयोगिता को यह विश्लेषण करने की आवश्यकता है कि क्या इसकी वर्तमान अवसंरचना पर्याप्त है या यदि वांछित परिवर्तन के लिए नई अवसंरचना की आवश्यकता है। इसके अलावा, उपयोगिता को उसी के लिए कैपेक्स आवश्यकता की पहचान करनी चाहिए। डिजिटल परिवर्तन के अन्य प्रमुख घटकों में क्षमता सर्वेक्षण, आर्किटेक्चर रिव्यू, गैप एनालिसिस, सॉल्यूशन डेफिनिशन, सॉल्यूशन अलाइनमेंट, आउटकमेज को लिंक करना महत्वपूर्ण कार्य शामिल हैं समाधान जो डिजिटल परिवर्तन को सक्षम करते हैं, उनमें उपयोगिताओं की आवश्यकताओं के आधार पर व्यावसायिक डेटा स्रोत,

परिसंपत्ति प्रदर्शन प्रबंधन (एपीएम) और एनालिटिक्स शामिल हो सकते हैं। व्यापार डेटा स्रोतों में एक उपयोगिता की सभी संपत्तियां शामिल हैं जैसे सबस्टेशन, ट्रांसफार्मर, स्विचगियर, मीटर और एसएपी समाधान। इस बीच, एपीएम परिसंपत्ति, उसकी स्थिति, स्थिति और स्वास्थ्य के बारे में एकीकृत, पूर्ण और सटीक दृष्टिकोण प्रदान करता है । इस बीच, एपीएम परिसंपत्ति, उसकी स्थिति, स्थिति और स्वास्थ्य के बारे में एकीकृत, पूर्ण और सटीक दृष्टिकोण प्रदान करता है। उन्नत मालिकाना विश्लेषण के साथ, यह उपकरणों की विश्वसनीयता और उपलब्धता में सुधार करता है, और उपकरण के मुद्दों के सटीक निदान के माध्यम से संभावित उपकरण विफलता की भविष्यवाणी करके अपने जीवनकाल में संपत्ति के रखरखाव की लागत को कम कर देता है । एपीएम संपत्ति के जीवन को भी बढ़ाता है और किसी भी संपत्ति के स्वामित्व के कुल को कम करता है।

- डिजिटल समाधान भी संसाधनों के एकत्रीकरण और ग्रिड के पार सिस्टम की कनेक्टिविटी को सक्षम करते हैं। ऐसा समाधान वितरित ऊर्जा संसाधन प्रबंधन प्रणाली (डीईआरएमएस) है जो वितरण ग्रिड स्तर पर हरित ऊर्जा के सभी स्रोतों को एकीकृत करता है। वास्तविक समय प्रबंधन के लिए। वितरित नवीकरण, भंडारण, मांग प्रतिक्रिया, स्मार्ट भवन और इलेक्ट्रिक वाहन डीईआरएमएस छोटे स्तर के नवीकरण, ऊर्जा भंडारण प्रणालियों के प्रबंधन, भार प्रबंधन, इलेक्ट्रिक वाहन चार्ज का अनुकूलन, ग्रीन हाउस गैस उत्सर्जन में कमी और अंत-उपयोगकर्ता उपभोग के प्रबंधन सहित उपयोगिताओं के लिए कई लाभ प्रदान करता है।

10

स्मार्ट मीटरिंग समाधान (मुख्य लाभ और चुनौतियां)

स्मार्ट मीटरिंग समाधान (मुख्य लाभ और चुनौतियां)

- अतीत में, उपभोक्ता परिसर में स्थापित विद्युत चुम्बकीय मीटर उपयोगिता द्वारा पढ़े गए थे। जैसे ही उपभोक्ताओं की संख्या बढ़ी, उपयोगिताओं के साथ मीटर रीडिंग स्टाफ अपर्याप्त हो गया। नतीजतन, उपयोगिताओं ने इस फ़ंक्शन को आउटसोर्सिंग करना शुरू कर दिया। इसने उपभोक्ताओं और एजेंसी कर्मियों के साथ चुनौतियों को और अधिक बढ़ा दिया, जो अक्सर बाईपास और मीटर के उलट होने जैसे कुप्रभावों में शामिल होते हैं।

- यूटिलिटीज, इसलिए, उन अत्याधुनिक तकनीकों की आवश्यकता महसूस करती हैं जो मीटर रीडिंग में मानव इंटरफ़ेस को कम कर सकती हैं, उपभोग के पैटर्न का आकलन कर सकती हैं, और यहां तक कि उपभोक्ताओं को दूर से कनेक्ट और डिस्कनेक्ट कर सकती हैं।

- भारत में बिजली क्षेत्र पहले से ही कई स्मार्ट ग्रिड पायलट परियोजनाओं के साथ डिजिटलीकरण की ओर बढ़ रहा है, मुख्य रूप से ग्रिड के विभिन्न क्षेत्रों में नए तकनीकी विकल्पों का प्रदर्शन करने के लिए शुरू किया गया है। क्षमता अनुकूलन, कार्बन डाइऑक्साइड उत्सर्जन में कमी, ईंधन की खपत में कमी, प्रणाली की दक्षता में सुधार और लागतों की वक्रता जैसे लाभों के साथ, डिजिटलीकरण निस्संदेह यहां कहने के लिए है कि आवश्यकता को कम करते हैं।

- उपयोगिताओं द्वारा तैनात की जाने वाली स्मार्ट मीटरिंग प्रौद्योगिकियों की पहली पीढ़ी जीएसएम प्रौद्योगिकी का उपयोग करके स्वचालित मीटर रीडिंग थी। इससे उपयोगिताओं को रीडिंग प्राप्त करने और खपत के व्यवहार का पता लगाने में मदद मिली। यह तकनीक उपयोगिताओं के बीच लोकप्रिय हो गई और एचटी उपभोक्ता श्रेणी के लिए कई राज्यों में शुरू की गई। हालांकि, इससे उनकी समस्या पूरी तरह से हल नहीं हुई, खासकर घरेलू और वाणिज्यिक श्रेणियों में उपभोक्ताओं के बड़े वर्ग से संबंधित, विशेष रूप से ग्रामीण क्षेत्रों में

- अन्य बेहतर प्रौद्योगिकियाँ जैसे कि वायरलेस, रेडियो फ़्रीक्वेंसी और सामान्य मीटर रीडिंग इंस्ट्रूमेंट यूनिट शुरू की गई हैं। इनमें मीटर रीडिंग सटीकता और भुगतान के संग्रह में काफी सुधार हुआ है। उस ने कहा, एक बड़ी कमी यह है कि यह अभी भी मीटर रीडर को आसपास की यात्रा करने की आवश्यकता है, यदि प्रत्येक उपभोक्ता नहीं।

स्मार्ट मीटरिंग समाधान (स्मार्ट मीटरिंग की आवश्यकता)

- स्मार्ट मीटरिंग सॉल्यूशंस, जो मानव इंटरफ़ेस को समाप्त कर सकते हैं, इस प्रकार समय की आवश्यकता है। स्मार्ट मीटर के प्रमुख लाभ दूरस्थ मीटरिंग और बिलिंग हैं। इसके अलावा, वे पीक (शीर्ष/चोटी) और ऑफ-पीक टैरिफ के कार्यान्वयन में मदद करेंगे, जो कि पवन और सौर जैसे पीढ़ी के रुक-रुक कर बढ़ते स्रोतों के कारण लोड जनन संतुलन के लिए महत्वपूर्ण है। वे पर्यावरण के दृष्टिकोण से भी महत्वपूर्ण हैं। स्मार्ट मीटर मांग - पक्ष प्रबंधन में मदद कर सकते हैं। पीक आवर्स के दौरान डिस्कॉम के लोड को नियंत्रित करने में मदद करके, वे अतिरिक्त थर्मल यूनिट स्थापित करने उज्जवल डिस्कॉम एश्योरेंस योजना (UDAY – उदय) के तहत, उपभोक्ताओं को दिसंबर 2017 तक 500 से अधिक इकाइयों का उपभोग करने वाले उपभोक्ताओं को और 2019 तक 200 से अधिक इकाइयों के लिए स्मार्ट मीटर प्रदान किए जाएंगे। विभिन्न प्रौद्योगिकी विकल्प उपलब्ध हैं और विभिन्न उपभोक्ता श्रेणियों के लिए उनकी व्यावहारिकता को ध्यान से देखना होगा। जांच की गई। स्मार्ट मीटर न केवल राजस्व संग्रह में मदद करते हैं, बल्कि नियंत्रण, सिस्टम प्लानिंग, टैरिफ स्ट्रक्चरिंग, ट्रांसमिशन में कमी और वितरण घाटे आदि में भी मदद करते हैं।

- स्वचालित मीटरिंग इन्फ्रास्ट्रक्चर (एएमआई) में कई विशिष्ट विशेषताएं हैं और स्मार्ट मीटर के लिए एक शर्त है। बेहतर परिणाम के लिए हेंस, एएमआई और स्मार्ट मीटर को एक साथ लागू किया जाना चाहिए। एएमआई दो तरह से संचार प्रदान करता है, बिल डिफॉल्टरों पर नजर रखता है, मांग की निगरानी सक्षम करता है - साइड लोड, नियमित रूप से मीटर रीडिंग और ऐतिहासिक डेटा तक पहुंच की अनुमति देता है ।

स्मार्ट मीटरिंग समाधान (चुनौतियां और आगे बढ़ने का तरीका) -

- स्मार्ट मीटर से जुड़ी सबसे बड़ी चुनौतियों में से एक उनकी उच्च लागत है। अनुमान के अनुसार, एक स्मार्ट मीटर की औसत लागत (बुनियादी ढांचे और सॉफ्टवेयर सहित) रु 4,000 - रु 6,000 है। इसलिए, एक बड़े राज्य में जैसे यू.पी. 20 मिलियन के उपभोक्ता आधार के साथ, अकेले मीटरिंग की लागत लगभग रु .80 बिलियन होगी। इसलिए, उपयोगिताओं के लिए सबसे बड़ी चुनौती धन की इतनी महत्वपूर्ण मात्रा की व्यवस्था करना है।

- मीटर की लागत आम तौर पर उपभोक्ता द्वारा वहन की जाती है। यह कुल राजस्व आवश्यकता (ARR) का एक हिस्सा नहीं है। यदि एक नया उपभोक्ता नेटवर्क में जोड़ा जाता है, तो उपभोक्ता के परिसर में एक स्मार्ट मीटर स्थापित किया जा सकता है और लागत वसूल की जा सकती है। हालाँकि, मौजूदा उपभोक्ताओं के लिए, उपयोगिता उनसे अग्रिम भुगतान नहीं मांग सकती है। यह उस राशि को मीटर किराया के रूप में किश्तों में वसूल करने पर विचार कर सकता है। इससे उपभोक्ता का वित्तीय बोझ कुछ हद तक कम हो सकता है।

- ग्रामीण क्षेत्रों में, स्मार्ट मीटरिंग की लागत बहुत अधिक है, इसलिए, ऐसे उपभोक्ताओं के लिए पारंपरिक एकल फेज मीटर पर विचार किया जा सकता है। स्मार्ट मीटरिंग में एक और चुनौती उनकी उच्च आवश्यकता के खिलाफ स्मार्ट मीटर के निर्माताओं की सीमित संख्या है। इसके अलावा, स्मार्ट मीटर के लिए प्रमाणित परीक्षण प्रयोगशालाओं की एक छोटी संख्या है।

- प्रयोगिताओं के लिए वित्तीय बोझ को कम करने के रास्ते पर केंद्र सरकार उन्हें वित्तीय सहायता प्रदान करने के लिए है। जबकि सरकार की एकीकृत बिजली विकास योजना (आईपीडीएस) का लगभग 350 बिलियन रुपये का परिव्यय है, इसका उपयोग नेटवर्क विस्तार और ट्रांसफार्मर की क्षमता बढ़ाने के लिए किया जाएगा, अन्य चीजों के साथ - जो कि बैंक ऋणों के माध्यम से उपयोगिताओं द्वारा भी लागू की जा सकती हैं। और लागतें ARR पर पारित हुईं। इसलिए, आईपीडीएस के तहत धन पहले आवंटित किया जाना चाहिए

उन्नत मीटरिंग बढ़ते **AMR** और **AMI** को अपनाना -

- मीटरिंग तकनीक पिछले कुछ वर्षों में काफी विकसित हुई है, जिसमें मैनुअल मीटर रीडिंग से लेकर स्वचालित मीटर रीडिंग (एएमआर) और आगे एडवांस्ड मीटरिंग इंफ्रास्ट्रक्चर (एएमआई) .एएमआर और एएमआई स्मार्ट मीटर और स्मार्ट ग्रिड के निर्माण खंड हैं। इसलिए, इन तकनीकों को अपनाने से स्मार्ट ग्रिड कार्यान्वयन में वृद्धि हो रही है। उपयोगिताएँ एएमआर और एएमआई का उपयोग आउटेज प्रबंधन और लोड संतुलन जैसे विभिन्न अनुप्रयोगों के लिए कर रही हैं।

- हाल के वर्षों में, स्मार्ट मीटर की स्थापना से विभिन्न नीतियों और कार्यक्रमों के माध्यम से सरकार को एक धक्का मिला है। 2012 में बिजली मंत्रालय द्वारा शॉर्टलिस्ट किए गए सभी 10 स्मार्ट ग्रिड पायलट प्रोजेक्ट में, एएमआई एक महत्वपूर्ण विशेषता है। स्मार्ट मीटरिंग क्षेत्र में कई सरकारी कार्यक्रमों का एक प्रमुख घटक है। उदाहरण के लिए, आईपीडीएस (IPDS) सभी शहरी क्षेत्रों में स्काडा (SCADA) के साथ स्मार्ट मीटर लगाने की परिकल्पना करता है। इसके अलावा, टैरिफ नीति, जनवरी 2016 में संशोधन का उद्देश्य स्मार्ट मीटर की स्थापना को सुविधाजनक बनाने के लिए समय-प्रति दिन (TOD) मीटरिंग, चोरी में कमी और शुद्ध मीटरिंग को सक्षम करना है। संशोधित नीति और उज्जवल डिस्कॉम आश्वासन योजना (UDAY) 31,2017 दिसंबर तक प्रति माह 500 से अधिक इकाइयों की खपत के साथ सभी उपभोक्ताओं के लिए स्मार्ट मीटर की तैनाती, और प्रति माह 200 से अधिक इकाइयों की खपत के साथ अनिवार्य है दिसंबर 31,2019

- एएमआर एडवांटेज (सुविधा) -

- एएमआर प्रौद्योगिकी तेजी से देश भर में उपयोगिताओं द्वारा अपनाया जा रहा है। प्रौद्योगिकी इलेक्ट्रॉनिक मीटर से खपत डेटा इकट्ठा करने में मदद करती है, और इसे उपयोगिताओं को वितरित करने के लिए रिले करती है। मीटर रीडिंग और ऊर्जा ऑडिटिंग के लिए उपयोगिताओं, आउटेज और परिसंपत्ति प्रबंधन जैसे अनुप्रयोगों के लिए एएमआर प्रणाली का उपयोग कर रही हैं। निम्नलिखित सुविधाओं को शामिल करने के लिए सिस्टम को अपग्रेड किया जा सकता है:

- 1. एनलिटिक्स: डिस्ट्रीब्यूशन ट्रांसफार्मर की डायनेमिक मॉनिटरिंग ओवरलोडेड और अंडर लोडेड ट्रांसफार्मर, और वोल्टेज करंट में किसी असामान्यता की पहचान करने में सक्षम बनाती है। यह बदले में नुकसान को कम करने, परिसंपत्तियों के बेहतर उपयोग, परिसंपत्तियों की रिमोट निगरानी, तेजी से पहचान और पैमाइश दोषों की बहाली, और पूंजीगत व्यय के अनुकूलन में मदद करता है।

- 2. आउटेज डिटेक्शन सिस्टम: जबकि आउटेज डिटेक्शन सिस्टम (ओडीएस) पारंपरिक एएमआर सिस्टम का इनबिल्ट फीचर नहीं है, लेकिन आउटेज की स्थिति में अलर्ट भेजने के लिए सिस्टम में मोडेम लगाए जा सकते हैं। कई उपयोगिताएं दोषों की पहचान के लिए मॉडेम दिल की धड़कन सुविधा का उपयोग कर रही हैं। आउटेज प्रबंधन मॉड्यूल उपभोक्ता श्रेणी, संख्या, समय और आउटेज की अवधि, बिजली की बहाली का समय, आउटेज अवधि, आदि के बारे में विस्तृत जानकारी प्रदान करते हैं।

- 3.संसार पोर्टल: एएमआर उपभोक्ताओं को वेब पोर्टल और मोबाइल ऐप के माध्यम से उनकी ऊर्जा खपत के बारे में विवरण प्रदान करके बिलिंग पारदर्शिता लाता है। यह बिलों, बिलों के भुगतान, आदि के बारे में प्रश्नों के लिए उपयोगिता के परिसर में उपभोक्ताओं के कदम को कम करने में मदद करता है। हालांकि, एएमआर सिस्टम को निरंतर और

कुशलतापूर्वक कार्य करने के लिए निरंतर रखरखाव की आवश्यकता होती है। इसके लिए, उपयोगिताओं आईटी अनुप्रयोगों को तैनात करने पर विचार कर सकते हैं जो दोषपूर्ण मोडेम, आकर्षक की पहचान कर सकते हैं

उन्नत/एडवांस्ड मीटरिंग (एएमआई के लाभ)

- एएमआई एक छाता शब्द है जो एएमआर, स्मार्ट मीटर, दो-तरफ़ा संचार नेटवर्क, नियंत्रण केंद्र उपकरण और संपूर्ण अनुप्रयोगों में बुनियादी ढाँचे को शामिल करता है जो ऊर्जा उपयोग की जानकारी के संग्रह और हस्तांतरण को सक्षम बनाता है। एएमआई भार प्रबंधन, आउटेज हैंडिंग, रिमोट मीटर रीडिंग, रिमोट कनेक्ट और डिस्कनेक्ट, आत्म निदान, स्वचालित और समय पर बिलिंग, और पूर्व भुगतान विकल्प जैसी क्षमताओं के साथ आता है। एएमआई सक्षम बनाता है

- यह एसएमएस/ऐप अलर्ट और ईमेल के माध्यम से महत्वपूर्ण जानकारी प्रदान करके सभी स्तरों पर व्यक्तियों की भागीदारी को बढ़ावा देता है। एएमआई बेहतर परिसंपत्ति उपयोग, तकनीकी हानि में कमी, डेटा एकीकरण, ग्रिड अनुकूलन और उन्नत राजस्व संग्रह द्वारा कैपेक्स और ओपेक्स की कमी में उपयोगिताओं में मदद करता है। यह, बदले में, सिस्टम विश्वसनीयता में सुधार करता है। चोटी और गैर-पीक घंटों के दौरान गतिशील मूल्य निर्धारण प्रदर्शित करके TOD टैरिफ लाभों का AMI लाभ। एएमआई में उपयोग किए जाने वाले स्मार्ट मीटर बॉट में कार्य कर सकते हैं

उन्नत/एडवांस्ड मीटरिंग (निष्कर्ष)

- कई उपयोगिताओं, विशेष रूप से निजी क्षेत्र में, पहले से ही स्मार्ट मीटर और एएमआई को लागू करने की प्रक्रिया में हैं। एएमआई के कार्यान्वयन के प्रति दृष्टिकोण उपयोगिता से उपयोगिता तक भिन्न होता है और स्थानीय प्रणाली की स्थितियों और आवश्यकताओं पर निर्भर करता है। मीटर और अन्य प्रौद्योगिकियों की उच्च लागत से संबंधित चुनौतियां, अंतर, और कौशल और अनुभव की कमी के कारण देश में एएमआई की तैनाती जारी है।

- आगे बढ़ते हुए, स्मार्ट मीटरिंग तकनीक को अपनाने से मजबूत सरकारी नीति समर्थन से प्रेरित गति प्राप्त करने की अपेक्षा की जाती है। उन्नत मीटर से अधिक भूमिका निभाने की उम्मीद की जाती है। यह केवल वितरण हानि प्रबंधन, आउटेज प्रबंधन, प्रीपेड मीटरिंग और नेट मीटरिंग का समर्थन नहीं करेगा। लेकिन पावर नेटवर्क के प्रदर्शन और परिचालन दक्षता में सुधार और उपयोगिताओं के लिए संचालन और रखरखाव लागत में कमी में भी मदद करता है।

- उन्नत मीटर न केवल वितरण हानि प्रबंधन, आउटेज प्रबंधन, प्रीपेड मीटरिंग और नेट मीटरिंग का समर्थन करेंगे, बल्कि बिजली नेटवर्क प्रदर्शन और परिचालन दक्षता में सुधार करने में भी मदद करेंगे।

11

स्मार्ट मीटर (Smart Meter)

स्मार्ट मीटर (Smart Meter)

स्मार्ट – मीटर – एक स्मार्ट मीटर एक इलेक्ट्रॉनिक उपकरण है जो एक घंटे या उससे कम समय के अंतराल में विद्युत ऊर्जा की खपत को रिकॉर्ड करता है और निगरानी के लिए उपयोगिता के लिए कम से कम दैनिक वापस उस जानकारी को संचारित करता है । स्मार्ट मीटर, मीटर और केंद्रीय प्रणाली के बीच दो - तरफ़ा संचार को सक्षम बनाता है । घरेलू ऊर्जा मॉनिटरों के विपरीत, स्मार्ट मीटर दूरस्थ रिपोर्टिंग के लिए डेटा एकत्र कर सकते हैं, जैसे कि उन्नत मीटरिंग इंफ्रास्ट्रक्चर (एएमआई) पारंपरिक स्वचालित मीटर रीडिंग (एएमआर) से भिन्न होता है कि यह मीटर के साथ दो तरह के संचार को सक्षम करता है । वायरलेस का उपयोग करने में, कोई सेलुलर संचार (जो महंगा हो सकता है) वाई - फाई (आसानी से उपलब्ध) वाई - फाई, वायरलेस मेष नेटवर्क, कम बिजली लंबी दूरी के वायरलेस (LORA), ZigBee (कम बिजली) पर वायरलेस एडहॉक नेटवर्क का विकल्प चुन सकता है डेटा दर वायरलेस) WI SUN (स्मार्ट उपयोगिता नेटवर्क) आदि ।

दूर से सेवा और वास्तविक मीटर की खपत को जोड़ने/डिस्कनेक्ट करने की क्षमता उपयोगिता के लिए प्रमुख श्रम बचत है और इसके परिणाम स्वरूप मीटर रीडर्स की बड़ी छंटनी हो सकती/जाती है ।

रेडियो फ्रीक्वेंसी मीटर –

(Radio Frequency Meter) –

• उपभोक्ता मीटर (रेंज में शामिल, लगभग 50 मीटर), 1 और 3 फेज

• पोल (एलटी) स्थापित डीसीयू (डेटा कंट्रोल यूनिट) लोड 2 - 3 वाट

• वायरलेस नेटवर्क/इंटरनेट/जीपीआरएस

- डाटा सेंटर (डिस्कॉम यूजर) एपिस 15959 पार्ट 1 प्रोक्स 3 लाख उपभोक्ता एमआईएस जेनरेट, टेम्पर अलर्ट, 30 मिनट के लिए लोड सर्वे, डेटा स्टोरेज क्षमता 6 महीने का रिकॉर्ड।
- एएमसी - 5 वर्ष, मीटर का जीवन - 10 वर्ष, गारंटी - 2 वर्ष

12

मीटर (सिंगल फेस/थ्री फेस) स्थापना

मीटर (सिंगल फेस/थ्री फेस) स्थापना

क्रमांक - विवरण/सामान का नाम - सिंगल फेस मीटर - - - थ्री फेस मीटर

1 - स्टेटिक एनर्जी मीटर (सिंगल फेस इलेक्ट्रोनिक मीटर-डाटा डाउन लोडिंग सुविधा सहित एवं बॉक्स 5 - 30 एम्पीयर) - 1 नंबर

2- स्टेटिक एनर्जी मीटर (थ्री फेस इलेक्ट्रोनिक मीटर - 10 - 40 एम्पीयर, डाटा डाउन लोडिंग सुविधा सहित एवं बॉक्स) - 1 नंबर

3 - पोली कार्बोनेट मीटर बॉक्स - सिंगल फेस मीटर के लिए - 1 नंबर

4 - पोली कार्बोनेट मीटर बॉक्स थ्री फेस मीटर के लिए - 1 नंबर

5 - बूडिन बोर्ड - 1 नंबर (सिंगल फेज मीटर) - - - 1 नंबर (थ्री फेज मीटर)

6 - सर्विस केबिल – पीवीसी इंसुलेटिड -1100 वोल्ट्स ग्रेड आर्मर्ड एल्यूमिनयम केबिल 2.5/4 स्क्युयायर एमएम (2 कोर)

- 30 मीटर (सिंगल फेज मीटर)

7 - सर्विस केबिल – पीवीसी इंसुलेटिड -1100 वोल्ट्स ग्रेड आर्मर्ड एल्यूमिनयम केबिल 6/10 स्क्युयायर एमएम

(4 कोर) - 30 मीटर (थ्री फेज मीटर)

8 - जीआई वायर 4 एमएम (8 एसडब्ल्यूजी) - 5 मीटर (सिंगल फेज मीटर)

9 - जीआई वायर 5 एमएम (5 एसडब्ल्यूजी) - 5 मीटर (थ्री फेज मीटर)

विशेष – प्राक्लन (इस्टीमेट) बनाते समय स्टोर इन्सीडेंटल चार्जेज(2.5%), कंटेंजेंसीज (5%), वर्क चार्ज एस्टेब्लिशमेंट (2.5%), टी एंड पी (1.5%) के साथ लेबर चार्जेज (9%), ट्रांसपोर्टेशन चार्जेज (6%) और जीएसटी भी लगाई जाती है ।

13

उच्च दाब (एचटी) उपभोक्ता मीटर उपकरण स्थापना

उच्च दाब (एचटी) उपभोक्ता मीटर उपकरण स्थापना (एचबीएम) में लगने वाले सामान -

क्रमांक - विवरण/सामान का नाम - - - 33 केवी उपभोक्ता - - 11 केवी उपभोक्ता

1 - एचबीएम (152x152एमएम, 11 मीटर लंबाई) (37.1केजी प्रति मीटर) - - - 2 नंबर, - - 2 नंबर .

2 - डीसी चेनल (100x50x6 एमएम) 12.5 फीट/3.8 मीटर - - - 4 नंबर , - - - -

3 - एचबीएम क्लैंप (610 एमएम, 1.46 किग्रा, 50x6 एमएम एमएस फ्लेट) - - - 8 नंबर, - - - -

4 - डीसी चेनल(100x50x6 एमएम) 8.9 फीट/2.7 मीटर - - - - - , - - 4 नंबर

5 - एचबीएम क्लैंप - - - - - , - - 8 नंबर

6 - 33 केवी डिस्क इंसुलेटर (पॉलीमर) - - - 3 नंबर, - - - - .

7 - 33 केवी स्ट्रेन सेट एवं हार्डवेयर फिटिंग - - - 3 नंबर. - - - - .

8 - 33 केवी पिन इंसुलेटर (पॉलीमर) - - - 6 नंबर, - - - - ,

9 - 11 केवी (45 केएन) 16 एमएम, एफआरपी 25 एमएम प्रति केवी क्रीपेज डिस्क इंसुलेटर - पॉलीमर - - - - - , - - 3 नंबर.

10 - 11 केवी स्ट्रेन सेट एवं हार्डवेयर फिटिंग , - - - - - , - - 3 नंबर.

11 - 11 केवी पिन इंसुलेटर (पॉलीमर), - - - - - , - - 6 नंबर.

12 - स्टे सेट 20 एमएम पेंटिड मय टर्न बक्कल कंपलीट- - - 4 नंबर, - - - - .

13 - स्टे वायर 7/40 एमएम (8.5 किग्रा स्टे वायर प्रति स्टे) - - - 34 किग्रा, - - - - .

14 - स्टे - एच बीम क्लैंप - - - 4 सेट, - - - - .

15 - स्टे सेट 16 एमएम पेंटिड मय टर्न बक्कल कंपलीट - - - , - - 4 नंबर

16 - स्टे वायर 7/3.15 एमएम (5.5 किग्रा स्टे वायर प्रति स्टे सेट) - - -, 22 किग्रा

17 - स्टे - एच बीम - क्लैम्प (610 एमएम, 1.46 किग्रा, 50x6 एमएमएम एस चैनल) - - - - - , 4 सेट

18 - एचबीम कोंक्रीटिंग (0.65 सीएमटी प्रति पोल)(अनुपात/रेशो 1:3:6) - - - 1.3 सीएमटी, - - 1.3 सीएमटी

19 - स्टे - कोंक्रीटिंग (0.3/0.2 सीएमटी प्रति स्टे)(अनुपात/रेशो 1:3:6) - - - 1.2 सीएमटी, - - 0.8 सीएमटी

20 - अर्थिंग सेट - - - 1 सेट, - - 1 सेट.

21 - 33 केवी लाइटिनिंग अरेस्टर - - - 3 नंबर, - - - - .

22 - 11 केवी लाइटिनिंग अरेस्टर - - - - - - , - - 3 नंबर.

23 - 33 केवी सीटी पीटी यूनिट उचित क्षमता - - - 1 नंबर, - - - - .

24 - 11 केवी सीटी पीटी यूनिट उचित क्षमता - - - - - , - - 1 नंबर.

25 - जीआई पाइप 40 एमएम डाया - - - 10 मीटर, - - 10 मीटर .

26 - कॉपर कंट्रोल केबिल 12 कोर 2.5 स्क्वायर एमएम आर्मड - - - 10 मीटर, - - 10 मीटर.

27 - 110 वॉल्ट, 5 एम्पीयर, ट्राई वेक्टर मीटर 0.5 एस, जीएसएम मॉडम सहित (11केवी व 33 केवी के लिए) - 1 नंबर, - 1 नंबर.

28 - मीटर बॉक्स टीटीबी सहित - - - 1 नंबर, - - 1 नंबर.

29 - 33 केवी/11 केवी डेंजर बोर्ड (खतरा पट्टिका) 250x200 एमएम, इनेमीलिड टाइप - - - 1 नंबर, - - 1 नंबर.

30 - एमएस नट और बोल्ट - - - 5 किग्रा, - - 5 किग्रा .

31 - रेड ऑक्साइड पेंट - - - 2 लीटर, - - 2 लीटर .

32 - एल्यूमिनियम पेंट - - - 2 लीटर, - - 2 लीटर .

विशेष – प्राक्लन (इस्टीमेट) बनाते समय स्टोर इन्सीडेंटल चार्जेज (2.5%), कंटेंजेंसीज (5%), वर्क चार्ज एस्टेब्लिशर्मेंट (2.5%), टी एंड पी (1.5%) के साथ लेबर चार्जेज (8%), ट्रांसपोर्टेशन चार्जेज (5%) और जीएसटी भी लगाई जाती है ।

14

ऊर्जा लेखा (एनर्जी ओडिट) - मीटर उपकरण

ऊर्जा लेखा (एनर्जी ओडिट) हेतु - मीटर उपकरण स्थापना (33/11 केवी विद्युत उपकेंद्र) में लगने वाले सामान -

क्रमांक, - विवरण/सामान का नाम, - - - 33 केवी, - - 11 केवी .

1 - 33 केवी सीटी पीटी यूनिट 400 -200/5 एम्पीयर - - - 1 नंबर, - - - - .

2 - 11 केवी सीटी पीटी यूनिट 300-150/5 एम्पीयर - - - , - - 1 नंबर .

3 - डीसी चेनल (100x50x6 एमएम) 12.5 फीट/3.8 मीटर - - - 2 नंबर , - - - - .

4 - पोल क्लैंप (610 एमएम, 1.46 किग्रा, 50x6 एमएम एमएस फ्लेट) - - - 4 नंबर, - - - - .

5 - डीसी चेनल(100x50x6 एमएम) 8.9 फीट/2.7 मीटर - - - - - , - - 2 नंबर .

6 - पोल क्लैंप - - - - - , - - 4 नंबर .

7 - अर्थिंग कोइल (115 टर्न 50 एमएम डाया और 2.5 मीटर लीड 4 एमएम, जीआई वायर) - - - 2 नंबर , - - 2 नंबर.

8 - कॉपर कंट्रोल केबिल 12 कोर 2.5 स्कूयायर एमएम आर्मर्ड, - - - 40 मीटर, - - 40 मीटर.

9 - 110 वॉल्ट, 5 एम्पीयर, ट्राई वेक्टर मीटर 0.5 एस, जीएसएम मॉडम सहित (11केवी व 33 केवी के लिए), -1 नंबर, -1 नंबर .

10 - मीटर बॉक्स टीटीबी सहित - - - 1 नंबर, - - 1 नंबर .

11 - एमएस नट और बोल्ट - - - 5 किग्रा, - - 5 किग्रा .

विशेष – प्राक्लन (इस्टीमेट) बनाते समय स्टोर इन्सीडेंटल चार्जेज (2.5%), कंटेंजेंसीज (5%), वर्क चार्ज एस्टेब्लिशमेंट (2.5%), टी एंड पी (1.5 %) के साथ लेबर चार्जेज (7%), ट्रांसपोर्टेशन चार्जेज (5%) और जीएसटी भी लगाई जाती है ।

15

विद्युत ऊर्जा मीटर - विद्युत अधिनियम 2003

विद्युत ऊर्जा मीटर - विद्युत अधिनियम 2003

- धारा/खंड 56 – अगर कोई व्यक्ति बिजली का प्रभार देने में लापरवाही करता है तो लाइसेन्स धारक 15 दिन का नोटिस देकर उसकी सप्लाई काट सकता है ।
- धारा/खंड 61 – दरों का विनियमन (टैरिफ़ रेग्युलेशन) आयोग दरों के निर्धारण की शर्तें तय कर सकेगा ।
- धारा/खंड 126 – मीटर से छेड़छाड़ गलत मंशा से नहीं की गई है तो बिजली कम्पनी इसमें खपत का आंकलन कर बिल वसूल सकती है । इससे पहले उपभोक्ता को नोटिस देकर पक्ष भी सुनने का अधिकार है । इसमें मीटर बंद, खराब, जले, अथवा टैरिफ के अनुचित उपयोग आदि गतिविधियां सम्मिलित है । यह भूलचूक लेनी देनी हैं ।
- धारा/खंड 135 – बिजली चोरी – जो कोई बेईमानी करके – ओवर हेड लाइनों अथवा भूमिगत केबिलों या लाइसेन्स वाले सर्विस तारों से हुक/कटिया डालकर बिजली लेता है, मीटर लूप कनेक्शन या किसी यंत्र में हेराफेरी करता है जिससे खपत की गई यूनिटें सही रिकार्ड नहीं होती, बिजली के मीटर को नुकसान पहुंचाता है, उसे सजा मिलेगी । ये दंड तीन वर्ष का कारावास/जेल अथवा जुर्माना दोनों हो सकते हैं ।
- धारा/खंड 138 – मीटर के साथ छेड़छाड़, कटे हुए कनेकशन को जोड़ना आदि ।
- धारा/खंड 150 - विभागीय कर्मचारी/अधिकारी के विरुद्ध कार्यवाही, यदि वह बिजली चोरी में अनदेखी/सहयोग करता है ।
- धारा/खंड 153 – कोई राज्य सरकार इन अपराधों की जल्दी से जल्दी सुनवाई के लिए खास अदालतें गठित कर सकती है । किसी खास अदालत में एक जज हो सकता है जिसके बारे में हाईकोर्ट (उच्च न्यायालय) ने सहमति दी हो ।
- धारा/खंड 156 – न्यायालय में प्रकरण दर्ज करना ।

ऊर्जा संरक्षण (energy Conservation)

ऊर्जा संरक्षण (Energy Conservation)

ऊर्जा –

किसी भी गतिशील या विशेष स्थिति में स्थिर वस्तु के कार्य करने की सम्पूर्ण क्षमता को उस वस्तु की ऊर्जा कहते हैं । ऊर्जा के अनेक रूप हैं जैसे - यांत्रिक ऊर्जा (मैकेनिकल एनर्जी), गतिज ऊर्जा (काइनाईटिक एनर्जी), स्थितिज ऊर्जा (पोटेंशियल एनर्जी), उष्मीय ऊर्जा (थरमल एनर्जी), प्रकाश ऊर्जा (लाइट एनर्जी), चुंबकीय ऊर्जा (मैग्नेटिक एनर्जी), विद्युत ऊर्जा (इलेक्ट्रिकल एनर्जी), ध्वनि ऊर्जा (साउंड एनर्जी), रासायनिक ऊर्जा (केमिकल एनर्जी), परमाणु ऊर्जा (एटोमिक एनर्जी), नाभिकीय ऊर्जा (न्यूक्लियर एनर्जी), सौर ऊर्जा (सोलर एनर्जी), पवन ऊर्जा (विंड एनर्जी), जैविक ऊर्जा (बायोमास एनर्जी), ज्वारीय ऊर्जा (टाइडल एनर्जी), भूगर्भीय ऊर्जा (जियो थर्मल एनर्जी), सुप्त ऊर्जा , जाग्रत ऊर्जा, मानवीय ऊर्जा आदि । इन्हें मुख्यत:दो भागों में विभाजित किया जाता है: -

1 - परम्परागत ऊर्जा स्त्रोत (कनवेन्शल सोर्स आफ एनर्जी) या क्षय ऊर्जा स्त्रोत (नोन रिनुएवल सोर्स आफ एनर्जी)

2 - गैर परम्परागत ऊर्जा स्त्रोत (नोन कनवेन्शल सोर्स आफ एनर्जी) या अक्षय/नवकरणीय ऊर्जा स्त्रोत (रिनुएवल सोर्स आफ एनर्जी)

परम्परागत ऊर्जा स्त्रोत या क्षय ऊर्जा स्त्रोत -

भूमि के अन्दर पाये जाने वाले वे पदार्थ हैं जिनमें कार्बन और हाइड्रोकार्बन हैं । इन पदार्थों को जीवाश्म (फोसिल) कहते हैं । कोयला, तेल, प्राकृतिक गैस आदि जीवाश्म (फोसिल) हैं । परमाणु/नाभिकीय ऊर्जा को भी परम्परागत ऊर्जा मानते हैं, यह परमाणु/यूरेनियम से प्राप्त होती है । विश्व की ऊर्जा आपूर्ति जीवाश्म (फोसिल) ईंधन से होती है ।

परम्परागत ऊर्जा स्त्रोत तेजी से घट रहे हैं और निरन्तर बढ़ते उपयोग से समाप्त होने की सम्भावना है, साथ ही कोयले के अधिक उपयोग से होने वाले प्रदूषण भी एक गम्भीर समस्या है । नाभिकीय ऊर्जा के लिए उच्च तकनीकी की आवश्यकता होती है तथा उसके रेडियो धर्मी सक्रिय व्यर्थ पदार्थ के उपभोग की समस्या आती है । अतः भविष्य में ऊर्जा की मांग की पूर्ति के लिए ऊर्जा के गैर परम्परागत स्त्रोतों (अक्षय/नवकरणीय स्त्रोतों) का उपयोग करना पड़ेगा । क्योंकि -

1 - देश में ऊर्जा की खपत निरन्तर बढ़ रही है जो मुख्यत: जीवाश्म (फोसिल) के स्रोत - कोयला, तेल, और गैस की उपलब्धता पर निर्भर है । इसके लगातार उपयोग से निश्चित रूप से इनकी उपलब्धता में कमी आएगी ।

2 - तेल और गैस का बढ़ती कीमतों से विदेशी मुद्रा विनियमन प्रभावित होगी ।

3 - राष्ट्रीय अर्थव्यवस्था की वृद्धि में कमी आएगी ।

4 - लगातार बढ़ते जीवाश्म ईंधन (फोसिल फ्यूल) के उपयोग से प्रर्यावरण की गम्भीर

समस्याएं भी आएंगी ।

5 - पर्यावरण के गिरते हुए स्तर एवं प्रदूषण पर अंकुश/रोक लगाने के लिए ।

6 - ऊर्जा आयात पर निर्भरता को कम करने के लिए ।

7 - ऊर्जा की मांग और पूर्ति के मध्यम अन्यत्र कम करने के लिए ।

8 - वर्तमान स्तर से ऊर्जा की खपत में 20 - 25 प्रतिशत की कमी विभिन्न क्षेत्रों में सम्भव है, ऊर्जा के अंतिम उपयोग के लाभों के बिना ।

9 - गैर परम्परागत (नॉन कनवेन्शनल) ऊर्जा स्रोत अक्षय/नवकरणीय (रिन्युएविल) स्त्रोत एवं प्रर्यावरण अनुकूल हैं ।

अतः ऊर्जा संरक्षण के लिए ठोस कदम उठाने होंगे ।

गैर परम्परागत (नॉन कन्वेंशनल/रिन्युएबिल/नवकरणीय) ऊर्जा स्त्रोत -

ऊर्जा के गैर परम्परागत स्त्रोत जीवाश्म (फोसिल) नहीं हैं, यह स्त्रोत प्रायः भूमि के ऊपर अन्दर दोनों हैं । ऊर्जा के अक्षय स्रोत प्रकृति में निरन्तर उपलब्ध रहते हैं, कभी समाप्त/खर्च नहीं होते हैं । जैसे सूर्य का प्रकाश, लकड़ी जंगल से काटकर जलाने के लिए उपयोग की जाती है तो पुनः पेड़ लगाकर पैदा की जाती है । इस तरह लकड़ी खत्म नहीं होती है बशर्ते वृक्षारोपण न हो । इसमें मुख्यतः सूर्य ऊर्जा, जल प्रपात, पवन ऊर्जा, कृषि एवं जानवरों के अपशिष्ट (वेस्ट) एवं जैविक (बायोमास) खाद, गोबर गैस, ज्वारीय ऊर्जा, भूमिगत(जियो थर्मल) ऊर्जा, स्त्रोत आदि परम्परागत ऊर्जा स्त्रोत कहलाते हैं ।

ऊर्जा संरक्षण की संभावनाएं : -

विभिन्न क्षेत्रों तथा ऊर्जा गहन उद्योगों में बचत की संभावनाएं निम्नानुसार आंकलित की गई हैं -

1 - औद्योगिक क्षेत्र में 25 प्रतिशत तक संरक्षण सम्भावनाएं ।

2 - कृषि क्षेत्र में 25 से 30 प्रतिशत तक संरक्षण सम्भावनाएं ।

3 - घरेलू क्षेत्र में 20 प्रतिशत तक संरक्षण सम्भावनाएं ।

4 - नगर पालिका/नगर निगम क्षेत्र में 15 से 22 प्रतिशत तक संरक्षण सम्भावनाएं ।

5 - शासकीय भवनों में 23 से 46 प्रतिशत तक संरक्षण सम्भावनाएं ।

6 - निजी क्षेत्र में 20 से 25 प्रतिशत तक संरक्षण सम्भावनाएं ।

ऊर्जा बचत की उपरोक्त सम्भावनाओं को उच्च स्तर के रख - रखाव, उपायों, प्रतिस्थापना एवं कुछ प्रक्रिया परिवर्तन के द्वारा प्राप्त किया जा सकता है । यदि प्रक्रिया एवं तकनीक में वृहत स्तर पर परिवर्तन किया जाये तो अधिकाधिक बचत सम्भावना को प्राप्त किया जा सकता है ।

ऊर्जा के बेहतर उपयोग -

सरकार की भूमिका - ऊर्जा संरक्षण में लाखों करोड़ों उपभोक्ता प्रभावित होते हैं । ये उपभोक्ता विभिन्न प्रकार से ऊर्जा का उपयोग करते हैं । सरकार द्वारा ऊर्जा उपयोग करने वाले विभिन्न समूहों के व्यवहार में विद्युत बचत वांछित परिवर्तन लाने के लिए निम्न

माध्यमों/उपायों द्वारा उत्प्रेरक की भूमिका निभाई जाना ।

ऊर्जा उपभोग से संबंधित विषयों/मुद्दों पर सीधे नियंत्रण एवं उचित विधि निर्माण ।

किसी भी कार्य करने अथवा रोकने/नियंत्रित करने हेतु वित्तीय दबाव डालना ।

अपवाद स्वरूप नियम कानूनों से अथवा प्रणालियों से चयनित आधार छूट देना ।

शैक्षणिक कार्यक्रमों तथा बहुआयामी माध्यम/अभियानों द्वारा जागरूकता उत्पन्न करना ।

बाजार में सबसे प्रमुख ग्राहक होने की सरकार की स्थिति का प्रयोग करना ।

सुस्पष्ट प्राथमिकताओं के साथ अनुसंधान तथा प्रदर्शन कार्यक्रमों का आयोजन करना ।

उपरोक्त उपायों द्वारा सरकार ऊर्जा संवर्धन से युक्त अर्थव्यवस्था के लिए वातावरण तैयार कर सकती है । लेकिन ये उपाय तभी प्रभावी एवं सफल होंगे जब ऊर्जा उपभोक्ता द्वारा भी ऊर्जा संरक्षण के लिए सकारात्मक ठोस कदम उठाएं जावें । इसके लिए ऊर्जा का विभिन्न रूप में प्रयोग करने वाले उपभोक्ताओं में ऊर्जा संरक्षण के लाभों के संबंध में जागरूकता उत्पन्न करने की अनिवार्य आवश्यकता है । इसके लिए प्रदर्शनात्मक परियोजनाओं, जनसंचार माध्यमों, जागरूकता, कार्यशालाओं एवं प्रशिक्षण गतिविधियां आरंभ कर पहल की जा चुकी है ।

इसके आगे, कानून/विधेयक बनाकर नियंत्रण नीतियों को तभी प्रभावी किया जा सकेगा जब उसके लिए मूलभूत संरचना स्थापित कर दी जाएगी । मूलभूत संरचना में विविध प्रक्रियाओं/प्रयोगों के लिए ऊर्जा मापदंडों का निर्धारण, महत्वपूर्ण विद्युत उपकरणों में परिवर्तन लाना आदि शामिल है । शिक्षण प्रोत्साहनों तथा नीतियों के सरलीकरण द्वारा ऊर्जा संरक्षण के लक्ष्य को प्राप्त करना वर्तमान उद्देश्य है ।

स्कूलों और सामान्य सार्वजनिक क्षेत्रों में ऊर्जा संरक्षण–

- बीईई स्कूल पाठ्यक्रम के माध्यम से छात्रों के बीच ऊर्जा संरक्षण के बारे में जागरूकता बढ़ाने का भी प्रयास कर रहा है।

- वृहद स्तर पर, ऊर्जा संरक्षण के लिए आपूर्ति-प्रभुत्व वाले दृष्टिकोण से एक एकीकृत दृष्टिकोण की आवश्यकता होती है, जिसमें क्षमता में निवेश का विवेकपूर्ण मिश्रण, मौजूदा बिजली स्टेशनों की परिचालन दक्षता में सुधार, टी एंड डी हानियों में कमी , आखिरी उपभोग करता की दक्षता और रिनुएबिल टेक्नोलोजी शामिल है।

- कुछ संगठन औद्योगिक टाउनशिप में बड़े पैमाने पर शिक्षा अभियान चला रहे हैं। ये आयोजन धार्मिक रूप से ऊर्जा संरक्षण दिवस, हर साल 14 दिसंबर को आयोजित किया जाता है।

स्टेट नोडल एजेंसीज–

- ऊर्जा खपत पैटर्न - श्रेणी वार डोमस्टिक, कॉमर्शियल, इंडस्ट्रीज़, एग्रीकल्चर (कृषि),

अन्य और उच्च दाब (एचटी) के पैटर्न

- ऊर्जा की खपत के स्तर को कम से कम 20% तक कम किया जा सकता है, बिना अच्छे घर को बनाए रखने और उपयुक्त संरक्षण के उपायों को अपनाने के बिना आराम और उत्पादन के स्तर को कम करके, क्योंकि विशेष रूप से उद्योग, कृषि और घरेलू क्षेत्र में काफी अक्षमता और अपव्यय है।
- लागत प्रभावी समाधान के माध्यम से ऊर्जा के संरक्षण के लिए बहुत गुंजाइश है .

राज्य नामित एजेंसी (SDA) स्कीम की सशक्तिकरण क्षमता -

- ये राज्य स्तर पर ऊर्जा संरक्षण उपायों को लागू करने के लिए संबंधित राज्यों द्वारा स्थापित वैधानिक निकाय हैं।
- एसडीए (स्टेट डेजीनेटिड एजेंसी) की 3 भूमिकाएं हैं
- अ - विकास एजेंसी
- ब - फैसिलिटेटर
- स - नियामक या लागू करने वाली संस्था
- 32 राज्यों ने एसडीएएस तैयार किए हैं
- समान ऊर्जा संरक्षण योजना (ECAP) को SDAs द्वारा अपनाया जाना विकसित किया गया है।

सरकार की पहल -

कानून/विधेयक - इस विषय से संबंधित " ऊर्जा संरक्षण अधिनियम (एनर्जी कंजरवेशन एक्ट) 2001" बनाया जा चुका है ।

विद्युत मंत्रालय के तहत ऊर्जा दक्षता ब्यूरो (ब्यूरो ऑफ एनर्जी एफिसिएंसी) बनाया गया है ।

भारत सरकार मंत्रालय - एमएनआरई (मिंस्ट्री ऑफ़ न्यू एंड रिन्यूएबल एनर्जी)/नवीन और नवकरणीय ऊर्जा मंत्रालय बनाया जा चुका है ।

नवीन और नवकरणीय ऊर्जा मंत्रालय भारत सरकार का एक मंत्रालय है जो मुख्य रूप से अनुसंधान और विकास, बौद्धिक संपदा संरक्षण, और अंतरराष्ट्रीय सहयोग, पदोन्नति और नवकरणीय ऊर्जा स्रोतों जैसे पवन ऊर्जा, लघु पनबिजली, बायोगैस और सौर ऊर्जा के लिए जिम्मेदार है ।

सौर ऊर्जा : -

छत पर सोलर संयंत्र लगवाने में बिजली कम्पनी मदद करेगी ।

सौर ऊर्जा को बढ़ावा देने के लिए बिजली कम्पनी ने घरों के लिए योजना बनाई है ।

इस योजना में 3 किलोवाट से लेकर 500 किलोवाट तक का बिजली उत्पादन का प्लान है ।

सोलर प्लांट लगाने के लिए कम्पनी एजेंसी के माध्यम से 28 से 40 प्रतिशत की सब्सिडी

भी देगी ।

प्रदेश के सभी शहरों में यह योजना लागू कर दी गई है ।

अभी तक सरकार की ओर से ऊर्जा विभाग के प्लांट सब्सिडी पर लगवाया करता था ।

यह योजना उन मकान मालिकों को प्रोत्साहित करने के लिए बनाई गई है जिनके घर की छत खाली है और वे उससे आय लेना चाहते हैं ।

1 किलोवाट का सोलर प्लांट लगाने के लिए लगभग 10 वर्गमीटर के जगह लगती है ।

1 किलोवाट सिस्टम बिना बैटरी बेक अप रुपए 75,000 से 85000 तक सब्सिडी (एमएनआरई) छोड़कर ।

(1 मेगावाट बिजली उत्पादन के लिए लगभग 1, एकड़ भूमि की जरूरत होती है)

एक पैनल की उम्र 25 साल होती है ।

बिजली कम्पनी का ऐसा मानना है कि सोलर पैनल लगवाने वाला व्यक्ति 5 साल में इसकी लागत निकाल लेता है ।

आने वाले 20 साल तक वह लाभ में रहता है ।

मिशन - मंत्रालय का मिशन (अभियान) सुनिश्चित करना है

ऊर्जा सुरक्षा वैकल्पिक ईंधन (हाइड्रोजन, जैव ईंधन और सिंथेटिक ईंधन) के विकास और तैनाती के माध्यम से तेल आयात पर कम निर्भरता और घरेलू तेल आपूर्ति और मांग के बीच अन्तर को कम करने की दिशा में योगदान करने के लिए उनके आवेदन ।

स्वच्छ ऊर्जा की हिस्सेदारी में वृद्धि नवकरणीय (जैव, पवन, पनबिजली, सौर, भूतापीय) ऊर्जा उपलब्धता और पहुंच - ग्रामीण, शहरी, औद्योगिक और वाणिज्यिक क्षेत्रों में खाना पकाने, हीटिंग, मकसद ऊर्जा और बढ़ी पीढ़ी की अनुपरक ऊर्जा की जरूरत ।

ऊर्जा वहन क्षमता लागत - प्रतिस्पर्धी, सुविधाजनक, सुरक्षित, और विश्वसनीय नए और नवकरणीय ऊर्जा आपूर्ति विकल्प तथा

ऊर्जा समानता - 2050 तक वैश्विक औसत स्तर के साथ एक स्थाई और विविध ईंधन के माध्यम से प्रति व्यक्ति ऊर्जा की खपत ।

विजन (दृष्टि) -

नव और नवकरणीय ऊर्जा प्रौद्योगिकियों, प्रक्रियाओं, सामग्रियों, घटकों, उप - प्रणालियों, उत्पादों को विकसित करना और देश को इस क्षेत्र में एक शुद्ध विदेशी मुद्रा अर्जक बनाने के लिए अंतरराष्ट्रीय विनिर्देशों, मानकों और प्रदर्शन मापदंडों के साथ सेवाओं पर आधारित है और ऊर्जा सुरक्षा के राष्ट्रीय लक्ष्य के आगे स्वदेशी रूप से विकसित और/या निर्मित उत्पादों और सेवाओं को तैनात करते हैं ।

ऊर्जा बचाने के कुछ सरल उपाय

ऊर्जा बचाने के कुछ सरल उपाय

कमरे से बाहर जाते समय सभी लाइट वह पंखों के स्विच बंद कर दें ।

अत्याधिक आवश्यकता पड़ने पर ही एयर कंडीशनर, कूलर, हीटर, पंखा, टीवी आदि उपयोग में लायें ।

एसी का एक डिग्री टेम्प्रेचर बढ़ाने से ऊर्जा की 5 प्रतिशत बचत होती है ।

साधारण बल्व के स्थान पर ऊर्जा दक्ष एलईडी का उपयोग करें ।

इलेक्ट्रॉनिक रेगुलेटर युक्त पंखों का उपयोग करें ।

रात्रि में केवल उन्हीं कमरों में बल्वों/ट्यूब लाइटों से प्रकाश करें जहां कोई कार्य हो रहा हो , बाकी कमरों की बत्तियां बंद रखें ।

कमरों की दीवारों की भीतरी सतह पर हल्के रंगों का प्रयोग करें ।

मकान के अंदर की दीवारों को केवल सफेद रंग से करने से एक वर्ष में लगभग 12 से 15 प्रतिशत ऊर्जा की बचत होती है ।

पतले तार कम समय में ही गर्म हो जाते हैं, इससे विद्युत क्षय तो होती है साथ ही दुर्घटना की भी सम्भावना रहती है ।

ऊर्जा दक्षता सुनिश्चित करने के लिए अच्छे निर्माताओं द्वारा उत्पादित प्रमाणित आईएसआई मार्क युक्त विद्युत उपकरणों का उपयोग करें ।

ऊर्जा दक्षता से सम्बन्धित स्टार रेटिंग वाले उपकरण - ट्रांसफार्मर, ट्यूब लाइट, फ्रिज, एसी (एयर कंडीशनर) और टीवी (टेलीवीज़न) ही उपयोग करें ।

अधिक दक्षता वाले विद्युत उपकरणों तथा कम पावर के अधिक प्रकाश देने वाले बल्व जैसे एलईडी, ट्यूब लाइट, सोडियम लैम्प आदि का उपयोग करें ।

बल्व के बजाय ट्यूब लाइट का उपयोग करें । 40 वाट की ट्यूब लाइट 100 वाट के बल्व के बराबर उजाला देती है ।

अपना कार्य योजना बद्ध तरीके से करें ताकि समय का अपव्यय कम से कम हो । घरेलू कार्यों जैसे गैस - ओवन अथवा इस्त्री (प्रेस) आदि में समय बद्धता महत्त्वपूर्ण है ।

सुनिश्चित करें कि आपके घर की वायरिंग , प्लग, स्विच, उपकरण आदि ऊर्जा दक्षता स्तर तथा उपयुक्त आकार के हैं ।

अपने साथियों/सहकर्मियों/अधीनस्थ कर्मचारियों को प्रोत्साहित करें कि वे दिन के समय कृत्रिम प्रकाश (बिजली) का कम से कम उपयोग करें ।

ऐसी प्रणाली अपनाएं जिससे कमरे में किसी के नाम रहने पर एसी तथा तेज रोशनी बंद हो जाए ।

ऐसी योजना बनाएं कि भोजनावकाश में नियमित कारोबार से अतिरिक्त समय में केवल अत्यावश्यक स्थानों की ही बत्तियां/पंखों का प्रयोग किया जावे एवं अन्य अनावश्यक

बत्तियां/पंखे बंद रहें ।

केंटीन अथवा चाय बनाने के स्थान पर बिजली के बजाय गैस का इस्तेमाल करें ।

मोटर के साथ शंट कैपेसिटर लगाने से पावर फैक्टर में सुधार होता है । जिसके अनुरूप औद्योगिक इकाई का डिमांड बिल (केवीए) कम हो जाता है और साधारण बिल भी कम आयेगा ।

मोटर में समयानुसार आवश्यक रखरखाव/सुधार कार्य करें जैसे कि लुब्रीकेंट करना, घिसी तथा पुरानी बीयरिंग को तुरन्त बदलना, पट्टे व घिर्री को समय - समय पर कसते रहना आदि ।

मोटर तथा विद्युत भार को यथासम्भव पास - पास रखें ।

उद्योगों में समय - समय पर नई तकनीकी की जानकारी एवं क्रियाओं का उपयोग करें ।इससे सभी क्षेत्रों में लगे संयंत्रों की उत्पाद क्षमता में काफी वृद्धि की जा सकती है ।

ऊर्जा बचत के क्षेत्रों का पता लगाएं और ऊर्जा बचत के लक्ष्यों को प्राप्त करने के लिए कारगर उपाय/नियम बनाएं ।

मशीनों के व्यर्थ चलने के समय को घटाएं, चाहे वह लापरवाही के कारण हो अथवा सेल्फ स्टार्टर में खराबी के कारण ।

आईएसआई चिह्न वाले प्रमाणित डिलेवरी वाल्व का उपयोग करने से विद्युत खपत में लगभग 5 प्रतिशत की बचत होती है ।

मोटर एवं पम्प के शाफ्ट को एक सीध में फिट करें इससे बीयरिंग पर कम भार पड़ता है ।

अपनी मोटर की अर्थिंग सही ढंग से करें ।

पाइप लाइन में अनावश्यक मोड़ों (बैंड्स) वह जोड़ों (फ्लैंज जोइंट्स) का उपयोग न करें ।

डिलीवरी पाइप की लम्बाई आवश्यकतानुसार कम से कम रखें ।

संक्षेप में -

ऊर्जा संरक्षण का विचार प्रायः यह नहीं है कि आवश्यकता में कमी की जावे और न उपयोगिता को कम किया जावे । सामान्यतः ऊर्जा संरक्षण का विचार किसी भी तरीके से ऊर्जा के दुरूपयोग को रोकना, ऊर्जा बर्वाद न करना है ।

ऊर्जा संरक्षण मुहावरे

ऊर्जा संरक्षण मुहावरे

ऊर्जा हम बनायेंगे, ऊर्जा हम बचायेंगे । ऊर्जा का सही उपयोग, जन - जन को समझायेंगे ।।

अक्षय ऊर्जा के साधन अपनाएं, देश को ऊर्जावान बनाएं ।

अक्षय ऊर्जा से होगा देश का विकास, गांव - गांव बिजली घर - घर प्रकाश ।

अक्षय ऊर्जा विकल्प ही नहीं, पूर्ण समाधान है ।

बिजली का ग़म नहीं, अक्षय ऊर्जा कम नहीं ।

जानो अब तुम चतुर किसान, अक्षय ऊर्जा है वरदान ।

सौर ऊर्जा, जल विद्युत से अपना काम चलाएं ।परम्परागत संसाधनों को भविष्य के लिए बचाएं ।।

जन - जन के मुंह पर (में) एक ही बात । करें देश का विकास, गैर परम्परागत ऊर्जा के साथ ।।

बनेगा ये भारत स्वर्ग अपना, जब होगा ऊर्जा संरक्षण का सपना ।

ऊर्जा के हैं विभिन्न स्रोत उपयोग करना इनका रोज ।

ऊर्जा के उपयोग में मितव्ययी बनें, ऊर्जा का दुरूपयोग रोकें ।

अधिकाधिक अक्षय ऊर्जा स्त्रोतों का उपयोग कर, धन व ईंधन की बचत करें ।

ऊर्जा की समस्या पर सोचें, समझें और अमल करें ।

देश प्रेम की भावना जगाई ये, राष्ट्रहित में ऊर्जा बचाईये ।

ऊर्जा नहीं ये सोना है, व्यर्थ नहीं इसे खोना है ।

जब भी भैया बाहर जाओ, घर की बत्ती अवश्य (जरूर) बुझाओ ।

बिजली चोरी नहीं है खेल, इसमें है तीन साल की जेल ।

बिजली चाहिए नियमित, खर्च करो सीमित ।

राष्ट्रहित में ऊर्जा की बचत ही ऊर्जा का उत्पादन है ।

स्वहित एवं राष्ट्रहित में बिजली बचाएं ।

कृपया विद्युत का अनावश्यक एवं अनाधिकृत उपयोग न करें ।

कैसे करें ऊर्जा खपत (गणना) बचत का आंकलन

कैसे करें ऊर्जा खपत (गणना) बचत का आंकलन

कृपया ध्यान (याद) रखें , इन आकड़ों को मार्गदर्शी सिद्धांतों के रूप में ही प्रयोग किया जा सकता है, क्योंकि वाटेज की रेटिंग अलग – अलग मॉडलों में अलग – अलग होती है .

स क्र , - उपकरणका नाम , - क्षमता(वाट में), - एक यूनिट खपत (एक किलोवाट आवर) उपयोग करने का समय (घंटामें)

1, - एलीडी, - 8 वाट/9 वाट , - 125 घंटा/111.11 घंटा

2, - एलीडी, - 10 वाट, - 100 घंटा

3, - एलीडी, - 12 वाट/15 वाट, - 83.33 घंटा/66.67 घंटा

4, - एलीडी, - 20 वाट/25 वाट, - 50 घंटा/40 घंटा

5, - वाटर प्यूरीफायर, - 25 वाट, - 40 घंटा

6, - बल्व, - 100 वाट/200 वाट, - 10 घंटा/5 घंटा

7, - बल्व, - 250 वाट/500 वाट, - 4 घंटा/2 घंटा

8, - कम्प्यूटर, - 100 वाट/150 वाट, - 10 घंटा/6.67 घंटा

9, - गीजर, - 2000 वाट/3000 वाट, - ½घंटा/0.33 घंटा

10, - पखा/बल्व, - 60 वाट, - 16.67 घंटा

11, - कूलर, - 200 वाट/250 वाट, - 5 घंटा/4 घंटा

12, - प्रेस (आयरन), - 750 वाट/1000 वाट, - 1.33 घंटा/1 घंटा

13, - वाशिंग मशीन, - 500 वाट/1000 वाट, - 2 घंटा/1 घंटा

14, - टीवी, - 120 वाट/150 वाट, - 8.33 घंटा/6.67 घंटा

15, - टुल्लू पम्प, - 750 वाट, - 1.33 घंटा

16, - टुल्लू पम्प, - 1000 वाट/2000 वाट, - 1 घंटा/½ घंटा

17, - एसी 1 टन/ 1.5 टन, - 1500वाट/2250 वाट, 0.67 घंटा/0.44 घंटा

विद्युत ऊर्जा गणना - कम पावर फेक्टर से नुकसान

विद्युत ऊर्जा गणना - कम पावर फेक्टर से नुकसान

विवरण, - 100 किलोवाट मोटर, - एलटी करेंट एम्पीयर

पावर फैक्टर 1.0 , - 100 केवीए, - 133 एम्पीयर

पावर फैक्टर 0.9, - 111 केवीए, -148 एम्पीयर

पावर फैक्टर 0.8, - 125 केवीए, -166 एम्पीयर

पावर फैक्टर 0.7, - 143 केवीए, - 190 एम्पीयर

पावर फैक्टर 0.6, - 167 केवीए, - 222 एम्पीयर

पावर फैक्टर 0.5, - 200 केवीए, - 266 एम्पीयर

उपरोक्त तालिका से स्पष्ट है कि सामान किलोवाट मोटर (हॉर्स पावर) – जैसे – जैसे पावर फैक्टर कम होता है केवीए कैपेसिटी बढ़ जाती है और उसके अनुरूप मोटर करेंट बढ़ता जाता जाता है जिससे बिल अधिक बनता है .

लेखक

लेखक

रनवीर सिंह (तोमर) आत्मज स्व. श्री दिलीप सिंह

रनवीर सिंह (तोमर) आत्मज स्व. श्री दिलीप सिंह

जन्म – 02 जुलाई 1955

जन्म स्थान - गांव - नगला भूपसिंह, डाकघर - पिसावा, जिला अलीगढ़, उत्तर प्रदेश 202155.

शिक्षा – बी. एस सी. इंजीनियरिंग (इलेक्ट्रिकल) अलीगढ़ मुस्लिम यूनिवर्सिटी अलीगढ़ उ.प्र. (1978).

सेवा – मध्य प्रदेश विद्युत मंडल (1979 से 2015), 36 वर्ष, सेवानिवृत्त - अति. मुख्य अभियन्ता.

वर्तमान – फेकल्टी मेंम्बर पावर डिस्ट्रीब्यूशन ट्रेनिंग सेंटर भोपाल.

वर्तमान निवास – मकान न. डुप्लेक्स - 11, कुटुम्ब अपार्टमेंट बलवन्त नगर, यूनिवर्सिटी रोड ठाठीपुर, ग्वालियर म.प्र. 474002.

अभिरुचि – पुस्तक अध्ययन, इलेक्ट्रिकल विषयों पर लेक्चर देना, सामाजिक गतिविधियाँ, वृक्षारोपण कार्य आदि.

अणु डाक – er.rsingh55@gmail.com , चलित दूरभाष +91 9425137463 .

प्रकाशित पुस्तकें – चौरासी का चक्कर, ऊर्जा संरक्षण एवं अक्षय उर्जा, विद्युत – सुरक्षा एवं उपचार, जाट संत, विद्युत वितरण संचालन और संधारण, जटवारा चम्बल सिंध, ज्योतिष और भारतीय पर्व. (प्रकाशक – नोशन प्रेस/Notion Press, वितरक – नोशन प्रेस, अमेज़न, फिल्पकार्ट).